面接指導の
カリスマが教える！

消防官 採用試験 面接試験 攻略法

シグマ・ライセンス・スクール浜松 校長
鈴木 俊士 監修

つちや書店

はじめに

●消防官とはこんな仕事。だからこんな人が求められる

消防官の仕事は事故や災害から人命を救助すること。いつ、どこで起きるかわからない災害に備えなければなりません。119番通報を受けたら、現場にすぐに駆けつけます。そのため、消防官は体力勝負。厳しい訓練や立て続けの出動にも負けない強い身体を維持することが求められます。しかし、何よりも大事なのは、粘り強さです。人の命がかかっている救助活動では、どんなに厳しい状況でも消防官はあきらめてはいけません。最後まで強い意志を持って活動できる、粘り強い性格の人が必要とされるのです。

●消防官面接はこんな面接

公務員採用試験では面接重視の傾向にありますが、それは消防官面接でも同じです。筆記試験でははかり得ない、「あなた」のことを見たいのです。消防官採用試験では個人面接、集団面接、集団討論と複数の面接形式がありますが、基本的には「その人がどういう人なのか」を見るのが目的です。どれだけ消防について知識があるか、どれだけ意気込みがあるかはもちろん、あなたの話し方や仕草もきちんと見ています。いろいろな評価項目がありますが、やはり一番大事なのは「消防官になりたい」という意志を存分にアピールすることです。

●消防官面接に受かる人の特徴

❶ 消防官に対する熱意がある。その熱意が伝えられる人

❷ 身だしなみやあいさつなど、社会人としての基本ができる人

❸ 元気な受け応えができる人

消防官に本気でなりたい人は、面接でのやりとりの中で自然とそれが面接官に伝わるものです。たとえば、志望動機も確かなものがあるでしょうし、熱意があれば自己PRのための自己分析にもたいした抵抗はないでしょう。また、身だしなみを整え、あいさつなどをきちんとすることは、当然のようにできていなくてはなりません。面接では「社会人としての適性」も見られているからです。そして、面接官が話を聞いていて気持ちいいと思えるような元気さがあれば、同僚として迎えたいという気持ちもわいてくるものなのです。

●消防官面接に受からない人の特徴

❶ 志望動機や自己PRの内容が薄い

❷ 身だしなみや言葉づかいが雑。その場に適した対応ができない

❸ 面接官と目を合わせず、話し方が暗い

志望動機をはじめ、質問に対する回答の内容が薄い場合は、その場しのぎの回答なのだろうと、面接官はその回答に耳を傾けてくれません。あるいは、もっと内容を知ろうとして重ねて質問を繰り返してくるでしょう。そこでさらにでっち上げの回答を続けていたら、ボロが出て、呆れられてしまいます。また、身だしなみやあいさつがきちんとできていない人は、やはり、一緒に働く仲間としては不安になってしまいます。熱意のある受験生を見ている面接官としては、ボソボソとうつむきがちな受験生からはいい印象は抱けないのです。

受験生はみんなこんなことに困っている

採用試験に臨むのが初めて、という人は少なくないでしょう。面接自体が初めてという人は、未知のことに臨む不安もあることでしょう。面接試験について事前に調べておくことは重要です。また、受験生の困っていることでよく聞くのは「いい回答の仕方がわからない、うまく回答できない」というものです。面接の場は自己アピールの場ですから、面接官にはいい印象を抱いてもらいたいものです。かといってウソをついて自分を大きく見せるのは間違いです。どこかの模範回答を丸々真似するのも間違いです。いい回答とは、あなた自身の言葉で、あなたのアピールポイントを説得力ある形で伝えられる、そんな回答なのです。

面接練習の重要性

消防官になれるかどうかが決まる面接。緊張したり、不安を感じてしまうのは仕方がありませんが、やはり本番では自信を持って発言をしていきたいもの。緊張や不安を取り除くためには練習が重要です。何度も練習することで、自分に自信が持てるようになれば自然と話し方や態度にも出てきます。それが面接官の好印象へとつながるのです。友人同士での面接練習はもちろんのこと、自分一人でいるときにもシミュレーションしてみてください。

● 面接官の立場になって考えよう

面接官がどんなことを受験生に求めているのか、一度面接官の立場になって考えてみるとイメージしやすいです。自分の仕事に知識も興味もなく、態度が悪く元気もない。そういった人をあなたは採用したいと思うでしょうか。また、明らかなつくり話と思って、その真偽を確かめるために、何度も質問を繰り返し、次第に話に矛盾がたくさん見つかってしまったら、あなたはどう感じるのでしょうか。

面接官の立場になって考えてみると、自然とどういう人が採用されるのか見えてきます。話に説得力があり、そして何より「消防官になりたい!」という熱意が伝わってきたのなら、面接官はその人に惹かれます。最初から何か特別な資格や技量が求められているわけではありません。消防に必要な専門知識や体力は消防学校で身につけていけばいいのです。それよりも、面接官はあなたの熱意や可能性を見たいのであり、それを見ることができるのが、面接の場なのです。

筆記試験と違って面接試験の質疑応答では一見、答えがないように思われます。一つの確固たる正解があるわけではないので、たしかにそうなのかもしれません。それでも答えはあなた自身の中にあります。本書はその答えを面接で表現できるような、自分の回答をつくる方法も紹介しています。ぜひ本書を活用し、合格を勝ち取ってください。そして消防官となり、人のため、地域のために活躍して、あなたが今、理想としている消防官になってください。あなたの目標達成の、その一助となれば幸いです。

本書の使い方

STEP 1 面接突破に欠かせない心構えと練習法を知る！

面接に対する素朴な疑問をクリアにします。

→ **Prologue** **消防官面接のギモン**

STEP 2 面接準備に必要なことを知る！

面接日当日までにどのような準備が必要かわかります。

→ **Chapter 1** **面接当日までにすること**

STEP 3 面接の基礎力を身につける！

消防官面接の形式や面接マナーなどの基本情報をまとめています。

→ **Chapter 2** **消防官面接の基礎知識**

STEP 4 自分だけの回答をつくる！

自分自身の言葉でつくる、自分だけの回答のつくり方を紹介します。

→ **Chapter 3** **自分の答えをつくる方法**

STEP 5 面接質問に対して、ベストな回答をつくろう！

面接質問に対する回答例と回答のポイントについて解説します。

→ **Chapter 4~6** **自分の言葉でつくるベスト回答**

STEP 6 集団試験の突破力を身につける！

集団面接と集団討論の攻略ポイントをまとめています。

→ **Chapter 7** **集団面接・集団討論を突破する！**

STEP 7 合格に近づく面接カードをつくる

面接カードを記入するときの実践テクニックと、記入後のポイントを紹介します。

→ **Chapter 8** **魅力的な面接カードの書き方**

STEP 8 過去質問を面接練習に役立てる

→ **Chapter 9** **自己分析質問集・よく出る過去質問集**

■ 本書は、消防官採用試験の面接対策を紹介し、面接に関する基礎知識はもちろん、自分の回答のつくり方と面接でよく聞かれる質問、集団討論の攻略法、面接カードの書き方など、実践的な内容を盛り込んでいます。

■ どのページからでも読みすすめることができますが、下の流れに沿って読みすすめると面接突破に必要な知識や考え方が体系的に身につきます。

回答例ページの見方（Chapter4~6）

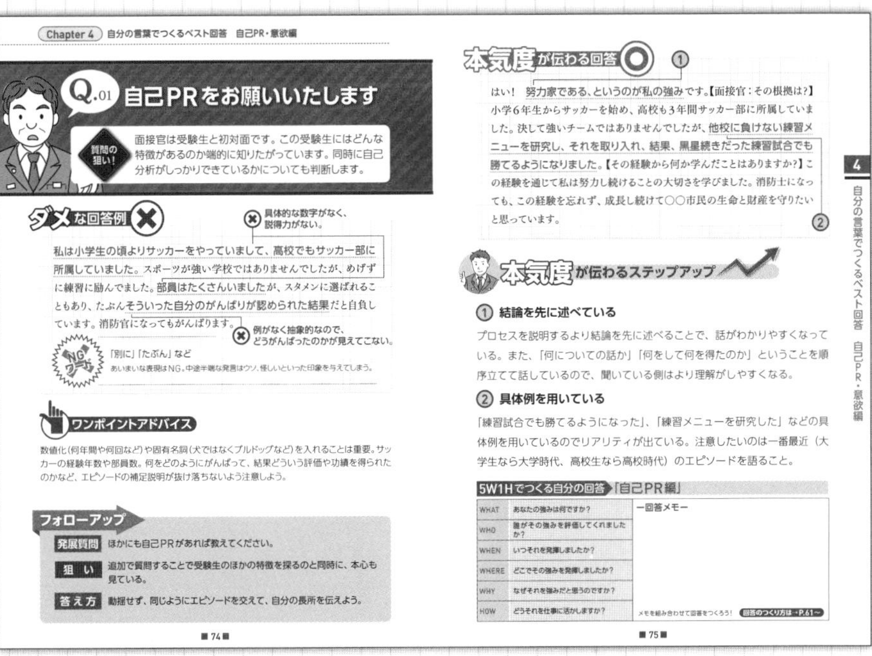

Chapter 4　自分の言葉でつくるベスト回答　自己PR・意欲編

Q.01 自己PRをお願いいたします

質問の狙い！ 面接官は受験生と初対面です。この受験生にはどんな特徴があるのか端的に知りたがっています。同時に自己分析がしっかりできているかについても判断します。

ダメな回答例

私は小学生の頃よりサッカーをやっていまして、高校でもサッカー部に所属していました。スポーツが強い学校ではありませんでしたが、めげずに練習に励んでました。部員はたくさんいましたが、スタメンに選ばれることもあり、たぶんそういった自分のがんばりが認められた結果だと自負しています。消防官になってもがんばります。

具体的な数字がなく、説得力がない。

例がなく抽象的なので、どうがんばったのかが見えてこない。

NGワード 「別に」「たぶん」など
あいまいな表現はNG。中途半端な発言はウソ、怪しいといった印象を与えてしまう。

ワンポイントアドバイス

数値化（何年間や何回など）や固有名詞（犬ではなくブルドッグなど）を入れることは重要。サッカーの経験年数や部員数。何をどのようにがんばって、結果どういう評価や功績を得られたのかなど、エピソードの補足説明が抜け落ちないよう注意しよう。

フォローアップ

発展質問　ほかにも自己PRがあれば教えてください。

狙い　追加で質問することで受験生のほかの特徴を探るのと同時に、本心も見ている。

答え方　動揺せず、同じようにエピソードを交えて、自分の長所を伝えよう。

■74■

本気度が伝わる回答

はい！　①努力家である、というのが私の強みです。【面接官：その根拠は?】小学6年生からサッカーを始め、高校も3年間サッカー部に所属していました。決して強いチームではありませんでしたが、②他校に負けない練習メニューを研究し、それを取り入れ、結果、黒星続きだった練習試合でも勝てるようになりました。【その経験から何か学んだことはありますか?】この経験を通じて私は努力し続けることの大切さを学びました。消防士になっても、この経験を忘れず、成長し続けて○○市民の生命と財産を守りたいと思っています。

本気度が伝わるステップアップ

① 結論を先に述べている

プロセスを説明するより結論を先に述べることで、話がわかりやすくなっている。また、「何についての話か」「何をして何を得たのか」ということを順序立てて話しているので、聞いている側はより理解がしやすくなる。

② 具体例を用いている

「練習試合でも勝てるようになった」、「練習メニューを研究した」などの具体例を用いているのでリアリティが出ている。注意したいのは一番最近（大学生なら大学時代、高校生なら高校時代）のエピソードを語ること。

5W1Hでつくる自分の回答「自己PR編」

		一回答メモー
WHAT	あなたの強みは何ですか?	
WHO	誰がその強みを評価してくれましたか?	
WHEN	いつそれを発揮しましたか?	
WHERE	どこでその強みを発揮しましたか?	
WHY	なぜそれを強みだと思うのですか?	
HOW	どうそれを仕事に活かしますか?	メモを組み合わせて回答をつくろう！　回答のつくり方は→P.61～

■75■

4 自分の言葉でつくるベスト回答　自己PR・意欲編

1 「面接官からの質問」

面接官から投げかけられる質問。よく聞かれるものを厳選している。

2 「ダメな回答例」

ありがちな回答失敗例。

3 「ワンポイントアドバイス」

「ダメな回答例」から「本気度が伝わる回答」にするための秘訣を解説している。

4 「本気度が伝わる回答」

合格レベルの回答例。ダメな回答を手直ししたものになっている。

5 「本気度が伝わるステップアップ」

「本気度が伝わる回答」が優れている点を解説。

6 自分の回答をつくる「5W1H」

「面接官からの質問」に対して、あなたの5W1Hのメモを書く欄になります。P.61～を参照して回答をつくってみましょう。

CONTENTS

Chapter 2 消防官面接の基礎知識

Chapter 3 自分の答えをつくる方法

Chapter 4 自分の言葉でつくるベスト回答 自己PR・意欲編

Chapter 5 自分の言葉でつくるベスト回答 志望動機編

Chapter 6 自分の言葉でつくるベスト回答 時事・性格質問編

Chapter 7 集団面接・集団討論を突破する！

Chapter 8 魅力的な面接カードの書き方

Chapter 9 自己分析質問集・よく出る過去質問集

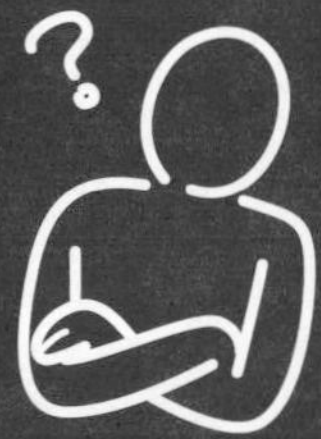

消防官面接のギモン

消防官試験の中で、一番難しそうで、不安を感じるのが「面接」ではないでしょうか？　その面接対策を学ぶ前に、そもそも何のために面接を行うのか、何を見られているのかなど、面接の意味を知っておきましょう。面接の意味がわかれば不安も減るはずです。

Q.1 なぜ面接するの？

面接はその人を見る絶好の機会

一般企業をはじめ、**公務員試験でも筆記より面接を重視する傾向**にあり、それは同じく公務員である消防官の採用試験でも同じです。どんな仕事でも1人ではできません。仲間と力を合わせて問題解決にあたれる人材を求めているためです。面接官のチェックポイントの柱は2点。**「応募者の人となり」**と、**「組織にとって有益な人材かどうか」**です。まず、あいさつやきちんとした敬語が使えるか。相手の目をしっかり見て、自分の言葉で語れるかが面接では試されます。ただし、自分を装う必要はありません。ありのままの自分が出せたとき、採用に至るものです。不採用だと「自分の存在を否定された」と思いがちですが、人が行う面接に「相性」はつきもの。すぐに切り替え、次にチャレンジできるかが成功へのカギです。

面接突破の秘訣　等身大の自分を見せる！

● わからないことは素直に「わかりません」。ウソは見破られる！

面接では自分をよく見せたいがため、わからない質問にウソをついてまで答えてしまうことがある。中には意図的に答えられない質問をするケースもある。しかし、ウソをついても、ベテラン面接官はお見通し。大切なのは「わかりません」と正直に言えるかどうかにある。求められているのは知識量ではなく、「謙虚な人間性であるかどうか」ということを覚えておこう。

勉強不足でわかりません。申し訳ございません。この後すぐに調べて覚えます。

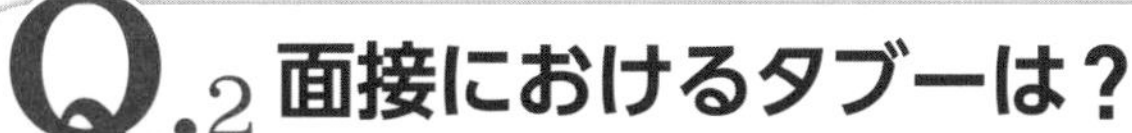

Q.2 面接におけるタブーは？

常識ある行動を

面接時のタブーとは、「社会人としてのタブー」と言い換えられます。遅刻や無断欠勤はレッドカード。しかし、やむを得ず遅刻しそうな場合の対処法を準備しておくことも必要です。**あらかじめ採用担当者の連絡先を確認しておき、**すぐに電話し、きちんと謝罪して指示を仰ぐことが社会人としてのマナーです。また、面接の待ち時間には携帯電話をマナーモードにし、隣の人と無駄口をたたかない。喫煙所以外でタバコを吸ったり、化粧室以外で化粧を直すのも絶対に止めましょう。

面接会場の500メートル手前あたりから、すでに選考が始まっているという気構えが必要。面接官が観察しているのは、**まずは社会人としての常識**やマナーです。

面接突破の秘訣　丁寧な言葉づかいに慣れておく！

● 面接の練習を繰り返す
一人でも練習はできる

いつでもどこでも1人でも「面接のロールプレイング」はできる。面接に少しでも慣れるため、自分で面接官を演じて質問し、自分で答える練習をしておこう。自宅なら鏡の前で自分の表情を確認しつつ、本番を想定して実際に声を出して行う。特にうまく話せないときは不安な表情が出ていないかチェックしておきたい。また、外出先なら頭の中だけで繰り返し練習しよう。

Q.3 模範回答を覚えればいいのでは？

模範回答の丸暗記は絶対にNG！ 気づかれたら即不採用

いちいち自分なりの答えを用意するのは大変だし、たいした答え方もできない。だったら模範回答を覚えて、そのまま答えたほうがいいのでは？　というのは、よくある疑問。しかし、**この考え方は危険です**。何度も面接を行っている面接官なら、それがその人オリジナルの答えなのか、模範回答をそのまま覚えてきて話しているのかを見破るのは簡単です。そしてそれがわかったら、**発言の途中でも止められて、自分の言葉で話すように注意されるか、そこで不合格と決まってしまう**。面接官は受験生の人となりを知って、一緒に働きたい人物かどうかを見極めたいわけですから、その場で質問をきちんと受け止めて、それに対して**自分の言葉で答えていくことが大切**。自分の言葉で答えられるよう、十分な準備をしておきましょう。

面接突破の秘訣　自分の言葉で自分の回答をつくろう

● 難しくないオリジナル回答のつくり方

本書でも、よくある質問と「伝わる回答例」を紹介している（Chapter4～6）が、それはあくまでも参考にしてもらうためのもの。大事なのは、準備段階で自分ならではの回答を用意しておくことだ。Chapter3（P.61～70）を参考に、ブレインストーミング、5W1H、文章要約練習、模擬面接練習と4つのステップで、面接官の心に響く「伝わる回答」を用意しよう。やる気さえあれば、難しくはない。

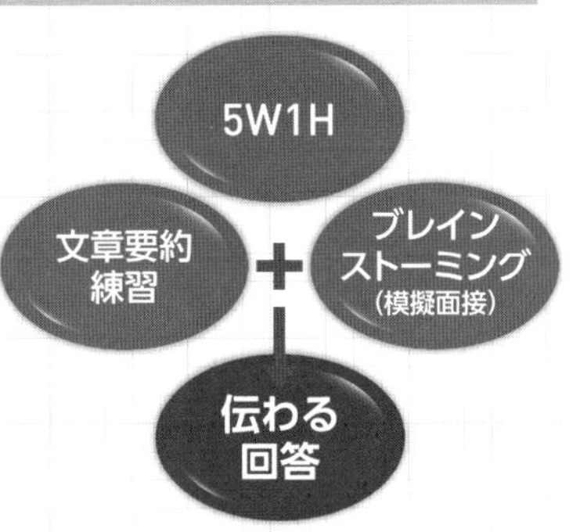

Q.4 一般企業の面接と何が違うの？

基本は同じなので 練習で企業面接を受けるのもアリ

模擬練習も有効ですが、**もっとも面接力アップにつながるのは実戦です**。企業の面接官は多くの学生を見てきた歴戦の担当者。質問の内容にも重なるものは少なくありません。実戦を繰り返すことで、**本命の面接で頭が真っ白になることを避けられ、いろいろなタイプの面接官にも対応できるようになります**。消防官採用試験の面接を受ける人は、質問の傾向が似たほかの公務員試験を受けることも多く、やはり、それが一番の実戦になるようです。また、企業の面接を受けるうちに、改めて「なぜ自分は消防官志望なのか」を突き詰めることにつながります。面接を受けてその企業に魅力を感じたのなら、進路変更も大いに結構。企業面接を通じて消防官への熱意が高まれば、それこそ「最高の武器」になります。

面接突破の秘訣　悩んだらすぐ相談

● 就職相談をしてくれる窓口に行く

就職活動では悩みは必ず生まれ、活動そのものをやめたくなることすらある。大事なのは決して1人で抱え込まないこと。友人や家族、先生などに相談することを忘れずに。身近な人に相談しづらい場合は、学校の就職担当者やハローワークなど公の場も積極的に活用しよう。立ちすくんでしまう前に、まず行動に移すことが孤独な戦いを勝ち残る秘訣となる。

❶ 学校の就職課など

在校生はもちろん、既卒者もよろこんで受け入れる学校もある。母校を有効利用しない手はない。

❷ ハローワーク

就職活動をサポートする機関。窓口は対象者別に設けられているので、事前に確認しておこう。

❸ 資格スクール

消防官の専門的な情報を教えてくれるところもあり、役立つことが多い。

Q.5 面接苦手は克服できる？

克服するには練習と場数

本命の面接で「緊張しない」という人はほぼいないはずです。緊張で伝えたいことの「半分も言えなかった」では困ります。緊張しても伝え切るには、**一にも二にも練習です**。模擬面接を積極的に受け、友人や知人に頼んで面接を練習し、**「面接ロールプレイング」**も繰り返します。

次に大事なのは、しっかりと対策を練ることです。練習などでうまく答えられなかった質問については、しっかりと復習し、次回には必ずきちんと答えられるようにしましょう。**合格への道は予習＋復習＋練習です**。「苦手な質問」と自分でわかった時点で、すでに成長につながっています。インターネットで調べたり、他者に意見を聞いたりして自分なりの考えを練り直し、しっかり準備することで必ず「面接の達人」になれます。

面接突破の秘訣 どんな質問がくるか事前に調査する

● 備えあれば憂いなし！

質問内容は最低でも10個程度は想定しておきたい。その3本柱は、「志望動機」「力を注いできたこと」「自己PR」。そうした基本を抑えたうえで、「逆に短所は？」「短所の克服のために何をした？」といった派生的な質問も想定し、リスト化しておこう。さらには、自分がつまずきそうな、苦手な質問も想定し、柔軟に答えられるようにしておけば、安心して面接に臨める。

質問をリスト化し、面接練習に役立てる

Q.6 筆記と体力がより大事では？

面接重視の消防官試験

消防官試験には主に一般教養の筆記試験、面接、論文、体力検査の4項目があります。通常の公務員試験とは違い、1次の筆記試験より面接の配点を高くしている地域も少なくありません。「配点の5割以上が面接」という地域もあります。**面接は「人間性」を見るための場です**。話し方、話の内容、聞き方、表情、態度、服装など、受験者から発信されるすべての情報が、面接官にチェックされます。

消防官という職業には、「責任感」の強さや、チームで行動するうえでの「協調性」、さらに地域住民のため、命がけで危険な任務にも取り組める「使命感」という崇高な理念も必要です。もちろんベースとなる体力検査も必要ですが、面接でしかわからない「人間力」を求められるのが消防官なのです。

面接突破の秘訣　面接の基本は「話を聞く」

● しゃべり過ぎ、しゃべらな過ぎに注意

面接官の話の趣旨がわかるやいなや、すぐに話し始める人がいるが、面接官は「話を聞く態度」もチェックしていると考えておこう。面接官の目を見て聞き、質問は最後まで聞く。質問中に感情を顔に出さないことも大切。ひと呼吸置いて話し始めるくらいでよい。集団面接でも同様。ほかの受験生の言葉に耳を傾けきちんと相づちを打ち、話の腰を折らないように注意しよう。

Column 1

合格者インタビュー①

● 合格できた大きな理由は何だと思いますか？

最後まであきらめないで、熱意を見せた

私は大学を中退し、消防官を目指すようになってから面接で落ち続けました。年3回受験の機会があったので、3年目の計7回目の面接のとき、面接は7回目ですと言ったところ、面接官に驚かれました。書類を調べられ、そんなにまでしてうちに入りたいんだねと言ってもらえて、採用されました。最後まであきらめないことが大事だと本当に思います。

管轄地域の情報を覚えて本気度を見せた

地元ではない他県を受験したとき、その地域での火災発生件数や地理や町名なども調べて面接に臨みました。希望先が地元より大きな市であったため、火災発生件数の多いところで活躍したいと言ったところ、さまざまなデータについて質問が。覚えておいたデータを交えて意見を述べたのですが、そのデータの正確さと量に感心されました。

退路を断って、熱い思いをぶつけた

父親が会社でリストラに遭い、家庭が厳しい状況に追い込まれたとき、妹を高校まで出してやりたいという気持ちから地元の消防を志望。先に受けた県警にも採用が決まりましたが断り、酒を断ち、タバコもやめ、テレビも観ずに猛勉強。一次を突破して、面接では、家庭の事情もすべて話して、どうしても落ちるわけにはいかないと熱い思いをぶつけたところ採用が決まり、男泣きしました。

Chapter 1

面接当日までにすること

「面接試験」と聞いて、どんな準備が必要かイメージできますか？本気で合格を目指しているなら、面接の当日までに用意しておくべきことが数多くあります。Chapter 1では、面接試験の流れを解説して、当日までにすべき準備の内容を具体的に紹介します。

面接突破の流れ

■ 事前の準備が面接突破の第一歩。まずは、どんな準備が必要なのかを知ろう
■ 必要な準備を確認したら、次は行動。本番を想定して、練習してみよう

STEP1

消防について知る

面接を攻略するためのファーストステップは、消防官の仕事内容や組織の仕組み、やりがいを調べておくことです。消防官になったらやりたい仕事や10年後の未来像など、より具体的なイメージをつくり上げておくと、面接官からの質問に答えやすくなります。試験や面接に対する自分のモチベーションも上がるので、一石二鳥です。

準備アクション

□ 消防組織の仕組みを知る（→P.24）/ □ 消防官の仕事内容を知る（→P.26）
□ 消防署を訪問する（→P.30）

面接までの流れ

準備開始 → 消防について知る → 面接試験に関する情報を調べる

STEP2

面接試験に関する情報を調べる

消防の面接は、受験先によってさまざまです。個人面接だけでなく、集団面接や集団討論などを行うところもあります。また、面接を受ける前に記入して提出する面接カードの存在も軽視できません。当日になって慌てないように、入念に下調べをしておきましょう。

準備アクション

□ 志望先の面接形式を確認する（→P.42）

STEP3

自分の回答を用意する

面接で質問される項目は、ある程度決まっているものです。したがって、事前に面接でどのような質問をされるのかを調べ、自分が答えにくい質問への対策を練っておくことが大切です。面接カードを基にすすめられることも多いので、きちんと回答を考えておきましょう。

準備アクション

□ ベストな回答のつくり方を知る（→Chapter3）
□ 想定される質問とそれに対する回答を考える（→Chapter4、5、6）

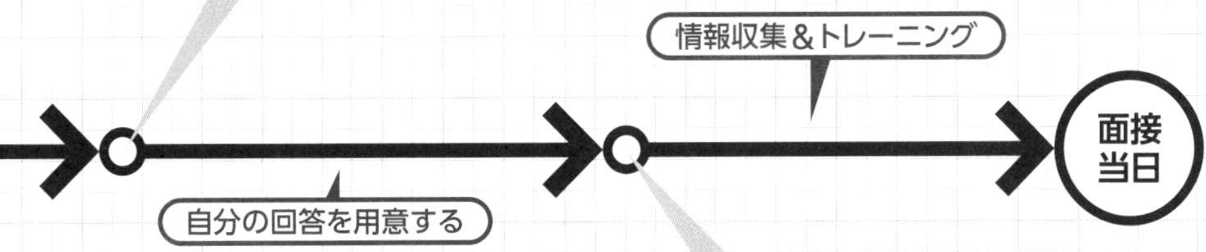

STEP4

面接本番に向けて、情報収集＆トレーニング

体力試験に備えて身体を鍛えておくのと同じように、面接も本番で存分に力を発揮するためには練習が必要です。また、面接では、時事問題について尋ねられることも多くあります。日頃から新聞を読んだり、ニュースを見るなどして、情報収集しておきましょう。

準備アクション

□ 時事問題をチェックしておく（→P.32）
□ 合格するための体力づくりをする（→P.34）

消防の組織図をチェックする

■ 関心や意欲の高さを示すためにも消防の組織図をチェックしておく
■ 組織図をチェックし、気になる部署や希望の部署について調べておこう

消防の組織構造を知ることが面接攻略の第一歩

面接を攻略するうえで、公務員である消防官が実際に行っている仕事について知ることはもっとも大切です。思い込みで**消防官のイメージを固めてしまうとズレた回答が多くなり、面接官に志望意欲が低いと思われてしまうからです**。ここでは消防官の仕事を理解する第一歩として、消防組織全体に目を向けてみましょう。**消防組織は、市町村ごとに消防機関があり、消防本部が各市町村の消防機関を統括する構造になっています**。そして消防組織の分署にあたる消防署は、消防本部のトップである消防長の指揮監督に基づいて、火災予防、鎮火、救急、救助等を行います。消防本部は地域の消防・防災の要で、消防署は実動部隊というわけです。

消防の２本柱

日本には大きく分けて二つの消防組織があります。一つは総務省の外局である消防庁で、もう一つは自治体の消防組織を統括する自治体消防（消防本部）です。東京を管轄するのは「東京消防庁」で、他県の市町村では「○○消防局」や「△△消防本部」などと呼ばれる自治体消防があります。私たちの身近にある「□□消防署」や「●●消防団」などは、自治体消防の一組織にあたります。

総務省消防庁

自治体消防が円滑に活動できるようなルール決めや法令・基準の策定などを行う。自治体消防とは違い、実動部隊は持たない。

自治体消防（消防本部）

市町村の消防組織を統括する。具体的には、消防に関する企画立案、人事、予算作成、庶務を行う。「消防局」と呼ぶ地域もある。

市町村消防本部の主な組織図

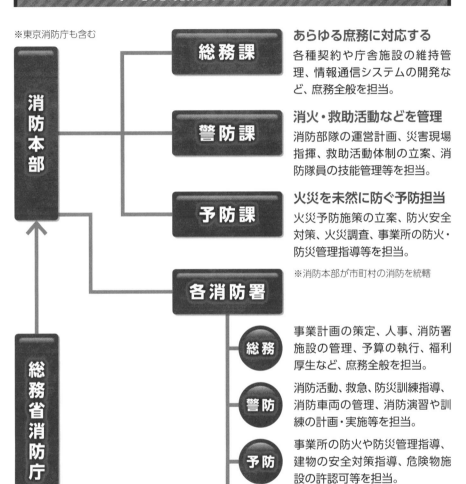

※東京消防庁も含む

消防本部

総務課
あらゆる庶務に対応する
各種契約や庁舎施設の維持管理、情報通信システムの開発など、庶務全般を担当。

警防課
消火・救助活動などを管理
消防部隊の運営計画、災害現場指揮、救助活動体制の立案、消防隊員の技能管理等を担当。

予防課
火災を未然に防ぐ予防担当
火災予防施策の立案、防火安全対策、火災調査、事業所の防火・防災管理指導等を担当。

各消防署
※消防本部が市町村の消防を統轄

- **総務** 事業計画の策定、人事、消防署施設の管理、予算の執行、福利厚生など、庶務全般を担当。
- **警防** 消防活動、救急、防災訓練指導、消防車両の管理、消防演習や訓練の計画・実施等を担当。
- **予防** 事業所の防火や防災管理指導、建物の安全対策指導、危険物施設の許認可等を担当。
- **分署** 一つの自治体全域に速やかに対応するために数カ所設置される。

総務省消防庁

自治体消防は名称が違う場合もありますが、組織体制はほとんど同じです。消防の仕事を理解するためにも、必ず自分の受ける自治体の組織図をホームページなどでチェックしておきましょう。自治体によっては役場や消防署で直接資料をもらえるケースもあるので、窓口に電話で確認してみましょう。

消防官の仕事を知る

■ 合格しやすい受験生は、消防官の仕事内容を詳しく知っている
■ 消防官の任務や活動を把握して、やりたい仕事を増やそう

仕事内容を把握して面接で十分なアピールを

面接で何を聞かれているのかを正しく理解し、恥ずかしくない回答をするためには、消防官の仕事内容を知っておく必要があります。また、消防には似た言葉の活動や任務、機関があります。**それらの違いを正しく認識し、あなたがやりたい仕事と消防官の仕事内容を一致させて答えることができれば、「消防官になりたい」という熱意を面接官にアピールできます。**

面接で合格しやすい受験生は、消防官の仕事内容を詳しく理解しています。そのうえで、自分の主張や希望を表現しています。

ここでは、消防団と消防士の違いや消防士の任務など、消防官を目指すなら知っておきたい主な業務や関連する事柄を紹介します。

消防官と消防団の違い

消防機関には、消防本部、消防署、消防団の3つがある。消防本部と消防署は消防職員で組織されるが、消防団は消防法に基づいて各市町村に設置される一般市民で構成された消防機関。そのため、消防署から出動する消防士とは違い、消防団の団員は火災や大規模災害発生時に自宅や職場から現場へ駆けつけ、消火及び救助活動を行う。

消防官

火災が発生した際に現場へおもむく消防職員。消防隊に所属している場合は、消防隊員とも呼ばれる。

消防団

消防本部と消防署だけではカバーできない地域の防火組織として生まれた。団員は非常勤特別職の地方公務員。

各市町村消防官の主な活動と任務内容

消防官の主な任務

消火

いち早く現場に駆けつけ、火災を沈静化させる

消火活動の中核を担うのが放水のスペシャリストであるポンプ隊。はしご隊が高所から放水を行うこともある。

救助

災害現場や事故現場で救助活動を行う

救助隊、航空隊、山岳救助隊、水難救助隊など、さまざまな救助隊が組織されている。

救急

現場で傷病者に適切な応急処置を行う

救急現場で応急処置を行い、迅速に医療機関へ搬送する。各救急隊には、高度な救急救命措置を行える救急救命士が配置されている。

予防

火災が発生しない仕組みを整える

消防管理、消防用設備等の維持管理、避難体制の徹底など、建築物の使い方に対する適正な指導を行う。新建築物については、法令規定の審査を行う。

調査

火災発生原因を突き止める

どのような原因で火災が発生したのかを消防法に基づいて調査する。火災発生直後から、現場検分や聞き取り調査、写真撮影などを行い、科学的な分析や鑑定を実施する。

CHECK 消防官の出動以外の仕事とは

報告書等の事務書類作成など、消防官の仕事には意外とデスクワークが多い。火災現場から署に戻ってきても、災害鎮圧後の詳細な記録書類を作成しなければならない。焼け出された人の申請書に基づいて、罹災証明を発行することもある。体力トレーニングや機器操作等の訓練も受けている。もちろん食事や仮眠をとっているが、その間も常に制服を着たまま出動命令に備えている。

- 報告書や記録書類の作成
- 火災原因解明の聞き取り調査
- 火災現場の分析
- 罹災書類の発行
- 体力トレーニングや機器操作等の訓練

消防官のキャリアパスを学ぶ

■ 消防の昇任制度を知れば、将来像が見えてくる
■ 上位の階級に昇任できるかいなかは本人のがんばり次第

将来の自分をイメージしよう

消防官の採用試験に合格すると、消防学校に入校することになります。そこで実施される初任教育が終盤にさしかかると、配属先の希望アンケートをとられることがあります。しかし、ここではどこの消防署への配属を希望するかまでしか問われず、「救助隊」などの配置先までは希望できません。

面接では「将来、どのような消防官になっていたいか」「どの階級までいきたい?」などを聞かれることがあるので、**階級や昇級についての知識を深め、将来像をイメージしておくことは大切です。**将来の目標と、その目標を達成する具体的なプランを立てるときに役立つ知識となります。

採用直後の流れ

1 採用試験に合格
全寮制の消防学校に入校。初任教育を受ける

→ **2 消防学校卒業**
消防士として各消防署に勤務

→ **3 それぞれの配属先へ**
まず消防士としてキャリアがスタートする。次の階級に昇進できるかは本人の実力と努力次第

昇任制度を把握しておこう

消防における階級というのは職員の身分のことで、階級制度は指揮統率と規律を徹底するうえで必要不可欠なものです。東京消防庁の場合、上位から順に「消防総監」「消防司監」「消防正監」「消防監」「消防司令長」「消防司令」「消防司令補」「消防士長」「消防副士長」「消防士」の10階級があります。上の階級に昇進するためには、決められている階級ごとの経験年数をクリアし、筆記試験や面接試験を受ける必要があります。また、管理職にあたる司令長以上は選考で昇進するというのが一般的です。（東京消防庁の消防総監にあたる消防本部のトップは消防長。自治体により消防長の階級は異なる）

キャリアパスの例

東京消防庁を例に挙げると、ストレートに昇進していけば、拝命から大卒で14年後、高卒で18年後に消防司令長になることができる。

●（例）東京消防庁で最短の場合

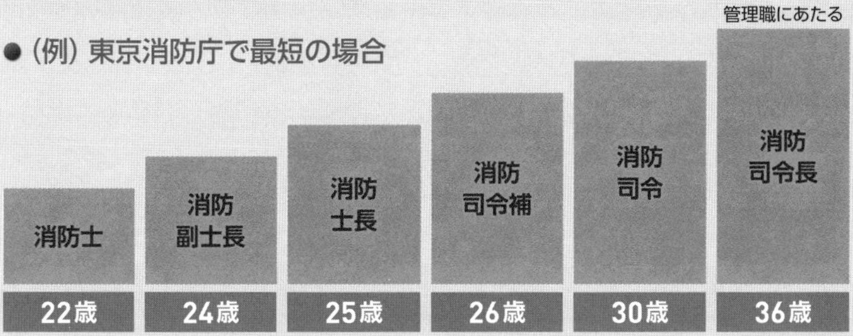

消防士	消防副士長	消防士長	消防司令補	消防司令	消防司令長（管理職にあたる）
22歳	24歳	25歳	26歳	30歳	36歳

自治体消防は名称が違う場合もあるが、組織体制はほとんど同じ。消防の仕事を理解するためにも、必ず自分の受ける自治体の組織図をホームページなどでチェックしておこう。

CHECK 昇任制度は平等主義

消防の昇任制では、徹底した平等主義が貫かれている。性別による有利不利もない。現在、全国の多くの消防本部は、年齢、勤続年数、実績などから判断される選考制を採用しており、東京を含む残りの1割ほどの自治体では、勤続年数に応じた所定の試験を受け、合格しないと昇任できない昇任試験制を導入している。

先輩訪問・説明会訪問

■ 毎年、多くの受験生が先輩訪問をしたり消防説明会に参加している
■ 面接ではないので、臆せずに自分が不安に思うことなどを聞いてみる

先輩訪問・説明会でないと得られない情報もある

消防官の仕事を知りたいなら、現役消防官の先輩への訪問や、自治体で開催される消防説明会に参加することをおすすめします。一番の利点は何より、受験に対するアドバイスやその自治体の消防の特徴について教えてくれることです。そして話を聞くことでモチベーションが上がり、試験勉強や面接練習の励みにもなります。インターネットや書類資料だけでは知ることのできない現場の生の声を聞いて、わからないことや不安に思っていることはどんどん質問しましょう。

先輩訪問のマナー

訪問前

① **受験する消防のホームページを見て仕事の内容を調べておく**

一般公開されている情報は頭に入れておく。そのうえで、さらに知りたいことをメモしておく。

② **必ずアポイントを先にとる**

アポイントなしで会いに行くのはマナー違反。忙しいタイミングを避け、迷惑にならないようにしよう。

③ **スーツ着用**

就職説明会と同じく、スーツを着用すること。身だしなみや振る舞いにも気をつける。

訪問中・訪問後

① **しっかりあいさつをする**

「お忙しいところ、すみません。今、少しお時間よろしいでしょうか」「ありがとうございます」「本日はとても勉強になりました。お忙しい中、本当にありがとうございました」など礼を尽くそう。

② **相づちを打つ**

メモを書かないときは、相手の目を見て、しっかりと相づちを打つ。

③ **お礼状は必要ない**

訪問後は特に何もしなくてOK。よい消防官になって恩返ししよう。

訪問することの利点

① 現場で働く先輩たちの意見が聞ける

人によっては、普段はあまり聞けない仕事に対する考え方ややりがいなどを話してくれることがある。受験対策のヒントが見つかることも多いので、積極的に相談してみよう。

● 面接について聞いておくべきこと

- ▶ どうして消防官になろうと思ったのか？
- ▶ 面接ではどのような質問がされたのか？
- ▶ どのような時事問題について聞かれたのか？
- ▶ どのような人が受かりやすいのか？
- ▶ 今から何をやっておくといいのか？
- ▶ どのような体力試験が行われたのか？
- ▶ 面接カードにはどのような記入項目があり、いつ提出するのか？
- ▶ 集団討論はどんな雰囲気だったか？
- ▶ 集団討論ではどういったテーマで話し合ったのか？

● 仕事内容について聞くこと

- ▶ 現在、当該消防はどのようなことに力を入れているのか？
- ▶ 現在の課題に対して、どのような対策を考えているのか？
- ▶ 多くの新人は、どの部署に配属されるのか？
- ▶ 仕事をしていて、大変に思うことは何か？
- ▶ 消防官になって、うれしいことや苦しく感じることは何か？
- ▶ 消防官になる前となった後とで、考え方が変わったことはあるか？
- ▶ 担当している仕事はどういう仕事か？

② 話を聞いてモチベーションアップ

現職の消防官から直接話を聞くのは大きなモチベーションアップにつながる。日々体験していることや面接を含む採用試験についてのことを聞いて、不安や疑問点があるなら思い切って聞いてみよう。

CHECK 自治体の消防官採用の説明会に参加する

先輩訪問と同様、自治体が開催する消防官採用の説明会でも、現役の消防官の話を聞くことができる。企業説明会と一緒で、スーツを着用し、身だしなみも整えて参加しよう。十分な時間を取って説明会は開かれるが、質問の時間などは限られているので、あらかじめ聞きたいことをまとめておこう。

すべての消防署や自治体が説明会を開くというわけではないので、自分の希望の自治体でなくても、消防の仕事や採用試験に関して知ることのできるいい機会なので、開催される際にはぜひ参加したい。

時事対策のための情報収集を行う

■ 面接から1年前までの時事と2~3年前までの大きな事件を押さえる
■ 新聞やテレビと参考書を組み合わせて、情報を収集する

面接で問われる時事問題は2つのタイプがある

時事対策のポイントは、面接でよく質問される事柄を中心に、ニュースや新聞をチェックしておくことです。時事に関する質問には、大きく分類すると2つのタイプがあります。**受験生の時事問題についての知識を確認しようとする質問**と、**意見を聞こうとする質問**です。前者に対しては簡潔に説明することができるか、後者に対しては自分の考えをしっかりと伝えられるかを意識して、どのように回答するべきかを検討してみましょう。知識確認タイプの質問をされた後に意見確認タイプの質問をされることがほとんど。関心のあるニュースに対する自分の意見も言えるようにしておこう。

時事に関する質問の2タイプ

① 知識確認タイプ

時事問題に対して関心を持っているか、また、その内容まで把握しているかを確かめる意図がある。

● 具体例
・最近、興味のあるニュースや時事問題は何ですか？
・今日の新聞で気になったニュースは何ですか？
・AED設置の義務化について説明してください。

② 意見確認タイプ

時事問題に対しどのような意見を持ち、その意見をどのように伝えるかを聞き出そうとする意図がある。

● 具体例
・国土強靭化計画について、どう思いますか？
・電力問題について、どう思いますか？
・少子高齢化問題について、どう思いますか？

FAQ 時事対策に関するよくある疑問に答えます

手っ取り早くできる対策はありますか？

普段からニュースに触れる習慣を身につけることが、もっとも手っ取り早い時事対策です。毎日流れているニュースの量は膨大です。試験の直前になって一気に勉強しようとすると大変なので、毎日の生活の中で新聞やニュースに触れておくことが大切です。

ニュースはいつ頃のものまで知っておけばいいですか？

大きな事件でしたら、2～3年前の状況までは把握しておきたいです。面接日の1年前くらいまでのニュースや事件を頭に入れておくといいでしょう。

おすすめの対策はありませんか？

具体的には、新聞やテレビ、インターネットを使った情報収集がおすすめです。最新時事をまとめた参考書を読むことも有効です。テレビ+参考書や新聞+参考書といった組み合わせはバランスがとれていて、時事対策に適しています。

CHECK 時事ネタ収集に役立つ3つのメディア

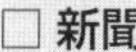

時事対策における基本のメディア。毎日読み続けていくと、とても対応力がつく。最初は面倒に思うかもしれないが、読む習慣を身につけてしまえば楽になる。通学や通勤の前、電車の中、帰宅してからなど、毎日読むようにする。最近は取っていない人がほとんどなので、読んでいるだけで有利に。

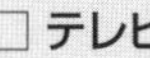

小難しい時事ニュースもわかりやすく解説してくれるのでおすすめ。新聞がどうしても苦手な人は、テレビを中心に利用するとよい。実際、「毎日同じテレビのニュース番組を見ていました」という内定者もいた。親しみやすいキャスターで選ぶなどすると、お気に入りのニュース番組を見つけやすい。

検索サイトのホームページからも時事ネタを集めることができる。利点は広い範囲の情報をざっくりと仕入れられること。短い文面だけでも頭の中に入れておくと、情報収集のアンテナが立つようになる。ただ、これだけでは理解の深さが足りないので、すき間時間の時事対策と考えておこう。

合格するための体力づくりをする

■ 種目や合格基準など、受験先の体力試験の内容を確認しておく
■ 毎日のスケジュールに体力トレーニングも取り入れよう

必要なのは基本的な体力

危険と隣り合わせの現場で活動する消防官には、体力が求められます。ただ、採用試験で実施される**体力検査は、消防官に求められる体力があるのかを見るものではありません**。消防官に必要な体力は消防学校で身につければよいと考える自治体も多いので、採用試験の体力検査では、基本的な体力があるのかを検査することになります。それでも、**高校の体育系の部活動についていけるくらいの体力は備えておきたい**ところです。採用後に入学する消防学校では厳しい訓練も待っているので、体力試験対策のトレーニングを毎日のスケジュールの中に取り入れるようにしましょう。

体力試験を突破する方法

STEP 1 体力試験の内容を知る

種目や基準など、どのような体力試験が行われるのかを受験先の採用ホームページで確認し、試しに実践してみる。

STEP 2 合格基準と自分の実力を比較

合格基準と現在の自分の実力を比較し、苦手種目を把握する。次に苦手種目を克服して、すべての項目で合格基準を上回ることを目指す。

体力試験の主な基準

●男性

※福岡市ホームページの「2019年度上級等募集案内」より。

種　目	内　容	必要な体力の目安
握力	握力計で左右の握力を測定	38kg （左右の平均）
上体起こし	仰向けの姿勢から前方への上体起こし（30秒間）	24回
長座体前屈	両足をそろえ、膝を伸ばして座った姿勢からの前屈	38cm
反復横とび	中央ラインから左右のラインへのサイドステップ（20秒間）※それぞれのラインを通過するごとに1点	47点
20mシャトルラン	往復持久走	62回
立ち幅とび	助走なしで両足同時に踏み切る前方への幅とび	192cm

●女性

※福岡市ホームページの「2019年度上級等募集案内」より。

種　目	内　容	必要な体力の目安
握力	握力計で左右の握力を測定	23kg （左右の平均）
上体起こし	仰向けの姿勢から前方への上体起こし（30秒間）	17回
長座体前屈	両足をそろえ、膝を伸ばして座った姿勢からの前屈	38cm
反復横とび	中央ラインから左右のラインへのサイドステップ（20秒間）※それぞれのラインを通過するごとに1点	39点
20mシャトルラン	往復持久走	32回
立ち幅とび	助走なしで両足同時に踏み切る前方への幅とび	141cm

●受験先により内容や基準が異なる

高い基準を設けている自治体もあるので、上記の目安はあくまで最低基準と考えて、もっと上の記録を達成できるように体力づくりをしておこう。

自分の回答を用意して面接練習

■ 自分にとってベストな回答をつくり、自分の言葉で話せるようにする
■ 本番を想定して、自問自答を繰り返す練習をやっておこう

本番に備えて回答づくりと練習をする

面接では、**自分の話を自分の言葉できちんと話すことが大切です**。それが、自分にとってベストな回答をつくり出す近道にもなります。しかし、頭でわかっていても、なかなかうまくいかないものです。つくり出した回答をきちんと伝えるためには、**本番を想定した練習が必要**です。そこでおすすめしたいのが、面接ロールプレイング。これは自分で自分に面接官のように質問し、自分で回答する練習です。これに慣れてくると、面接官が何を聞きたいのかがわかるようになります。自宅では声に出して、外出先では頭の中で練習してみましょう。

面接練習の手順と復習

1 質問内容をチェック

2 自分の回答をつくる

3 面接練習をする

4 自分の得意な質問と苦手な質問を特定

得意な質問

面接でも同じように回答できるようにしておく

最初は得意な質問の数が少なくても大丈夫。少しずつよい回答を増やしていこう。

苦手な質問

本番までに対応策を練っておく

面接で同じ質問をされたときには必ず回答できるように、準備をしておく。

面接練習を欠かさずに

1人でやる練習

鏡に向かって練習する

(→P.15)

録画・録音してみる

表情やたたずまい、声のトーンなど客観的に聞くと、おかしな点に気づくことがある

2人（複数人）でやる練習

模擬面接

第三者の意見で苦手な質問を克服できることも多い

企業面接に参加する

企業面接に参加し、面接に慣れる (→P.17)

CHECK ハローワークで面接練習

内容などは自治体によってさまざまだが、疑似面接指導を行っているハローワークもある。多くの場合、面接官に気づいた点を指摘してもらったり、具体的な指導を受けたりできる。予約をしたほうがスムーズにいくことも多いので、まずは実施しているかの確認も含めて近くのハローワークに問い合わせてみよう。

面接前日チェックリスト

■ 持ち物や面接会場への行き方など、改めて確認する
■ 面接を突破するための身だしなみや心構えも抜け落ちないよう確認しよう

面接前日までにチェックしておきたいこと

面接当日に必要な最低限のチェック項目を紹介します。このほかにも面接内容によって注意すべき点が加わるようなら、事前に備忘録としてメモしておきましょう。

当日の流れ

□ 交通手段や駅からの道のりなど、行き方を具体的に調べてあるか？
（会場の下見はしたか？　悪天候時の代替路を確認したか？）

持ち物

□ 筆記用具や体力検査で使用する運動着は用意してあるか？

身だしなみ

□ スーツやＹシャツ（ブラウス）にしわはついていないか？
□ 靴の汚れを落としているか？　かかとはすり減っていないか？

マナー

□ 大きな声であいさつをする　□ テキパキと行動する
□ 常に面接官の目を見る

面接カード

- □ 結論から書き、具体例を交えた読みやすい文面になっているか？
- □ 記入したことに対しては、どのように尋ねられても回答できるか？

CHECK! 面接で多く聞かれる項目に対する回答

- □ 志望動機は消防官の役割や仕事内容に沿っているか？
- □ 力を入れてきた活動と自己PRは、協調性やストレス耐性があることを説明できているか？
- □ 趣味・特技は、前向きで健康的な印象を与えることができるものか？
- □ 専攻やゼミは、選んだ理由を明確に説明でき、「なぜ消防官を志望するのか」という質問への回答と合致しているか？
- □ 関心を持っている事柄は、消防官に関する話題とそうでない話題を2つずつ準備しているか？

CHECK! 面接時の心構え

- □ 言いたいことを言うのではなく、質問に答える
- □ 知らないことを聞かれたときは素直に謝り、「すぐ調べます」など、誠実に回答する
- □ 入室から退室するまで、気を緩めない
- □ 圧迫面接だとわかったら、冷静に相手が言うことを受け入れつつ、あきらめずに回答する

CHECK! 集団面接

- □ ほかの受験生が発言しているときはその話をよく聞き、相づちを打つことを心がける

CHECK! 集団討論

- □ 「全員で合格しよう」という意識を持って、時間配分を考える
- □ 課題の中にあいまいな言葉があった場合は、早めに定義づけする
- □ わかったつもりにならないこと。知ったかぶりをしない

Column 2

合格者インタビュー②

● 面接突破のためにがんばったこと、気をつけたことは？

これで落ちたら仕方ないと思えるくらい準備した

1年目に、「体力には自信があります」と言ったら、「ふーんこれで？」と体力試験の成績を見て言われ、その年は、案の定、落ちました。そのため、本気度を見せるため地元の消防団にも入り、昼は試験対策や面接対策、夜は体力づくりという毎日。ここまでやって落ちたら仕方ないと思えるくらい、消防一筋の1年を過ごし、合格を勝ち取りました。

友人と面接の練習を繰り返した

面接に苦手意識があったので、一緒に消防官を目指す友達と、お互いに面接官の役を演じ合って、毎日何回も実践さながらの面接練習を行いました。そのおかげで、質問のパターンもわかるようになり、突っ込んだ質問をされても落ち着いて回答できるように。試験当日、面接官をしていた市長に素晴らしいと褒められ、合格することができました。

まずは大きな声でのあいさつをがんばった

大きな声でのあいさつができれば印象もよくなるはずだと考え、夜、近所の田んぼに向かって大きな声が出せるように練習。第一声で大きな声が出せれば大丈夫、と暗示をかけて面接に臨みました。試験場では、朝から出会う人すべてに大きな声であいさつ。面接室に案内してくれた人がそのまま面接官になり、「気持ちがいいあいさつだね」と褒められて面接も和やかにすすみました。

Chapter 2

消防官面接の基礎知識

一口に「面接」といっても、実はさまざまな形式の面接があります。消防官の面接試験では、どのような面接が行われるのかを知り、また、事前に提出する面接カードのつくり方や面接における基本的なマナーなども学んで、面接準備の基礎を固めましょう。

3つの面接形式と面接カードを知る

■ 各自治体によって面接形式が異なるので事前に確認しておく
■ 面接での質問の基本になる資料が面接カードであることを心得ておく

面接形式は個人・集団面接・集団討論の3つ

個人・集団面接と、集団討論の3つの形式があります。どのような形式の面接が行われているかは、各自治体によって異なりますが共通するポイントは、面接カードや履歴書に書いた記述に関する質問が多くを占めることです。ここでは各形式の大まかな概要を確認しておきましょう。

個人面接

受験者の人数	1名
面接官の人数	3〜5名前後
面接時間	15分程度

個人面接では平均15分程度と時間が多く割かれるので、志望動機や自己PRから深く掘り下げた質問を投げかけられることがある。暗記した棒読み回答などは避け、面接官の問いかけをしっかり聞いて答える「会話のキャッチボール」を意識しよう。面接官が3〜5名と複数いて緊張する形式ではあるが、面接官全員に目を配りながら回答するように心がけよう。

※ 圧迫面接は個人面接で行われることが多い。

集団面接

受験者の人数	5～9名
面接官の人数	3名程度
面接時間	60分前後

集団面接は、通常受験者5～9名に対して面接官3名で行う1時間程度の面接のこと。この面接でのポイントは、ほかの受験生が答えているときの自分の「振る舞い」である。受験者の発言機会が少ない分、面接官は受験者の動作をよく見ている。自分への質問が終わったことで安心し、ほかの受験生と面接官のやりとりに無反応でいる所もチェックされている。ほかの受験生が話している内容に相づちを打つなど、話を聞く姿勢を維持しよう。

集団討論

受験者の人数	5～8名
面接官の人数	3～4名程度
面接時間	40～60分程度

集団討論とは面接官から与えられたテーマについて、受験生で協力して意見をまとめていく作業のこと。この作業の主眼は持論を戦わせて、自分の意見を通すことではない。意見をまとめていくにあたって各受験生がどれだけ貢献したかを問われる。面接官は各受験者の発言回数や表情、態度を観察したり、終了後に各受験生のメモ用紙を回収したりする。集団討論を通じてほかの受験生とどのような態度で関わりを持つかを確認している。

面接カードの内容を把握しよう

面接カードは、面接官が受験者の人柄を知るうえで参考にする資料となります。そのため、記入した内容については、面接官から深く掘り下げる質問をされても、落ち着いて受け応えできるようにしなければなりません。あらかじめ掘り下げられる質問を想定して、自己分析や過去の実績確認などを行い、想定問答を整理しておきましょう。

また、**面接カードは事前提出と当日記入の場合があります。**事前提出のときは、記入内容を把握できるようにコピーを取っておきましょう。当日記入のときは、メモを見ないでも項目を書き上げる練習が必要です。記入時間は短く20分程度しか与えられない場合もあります。

CHECK 消防の面接カードによくある記入項目

面接カードの書式は受験先によって異なるが、共通しているのは志望動機と学生時代に力を入れた事柄。必ず項目にあるのでしっかりと記入しよう。

□ **志望動機（やりたい仕事）**

受験先によっては、下記の3つに分類している。

① 消防官を志望する理由

② 当消防を志望する理由

③ 当消防でやりたい仕事

□ **自己PR**

□ **今までにもっとも打ち込んだこと**

（社会人になってから打ち込んだこと）

□ **社会活動**

（仕事・アルバイト・ボランティア活動）

□ **卒業論文（大学生）**

□ **サークル・クラブ活動**

「大会の出場経験やコンクール成績」など細かく項目がある。記入欄は大きいことが多い。

□ **得意科目**

□ **長所・短所**

あなたを採用したらどんなメリットがあるか

□ **趣味・特技**

□ **併願先**

□ **最近読んだ本**

□ **最近気になったニュース**

面接カードの書式例

面 接 カ ー ド

<table>
<tr><td>受験番号</td><td></td><td>ふりがな
氏　　名</td><td></td></tr>
<tr><td colspan="4">1　受験の動機について書いてください</td></tr>
<tr><td colspan="4">消防官についてのイメージ・やりがい</td></tr>
<tr><td colspan="4">●●消防署消防官を志望する動機・理由</td></tr>
<tr><td colspan="4">消防官としての抱負（採用された際にどのような仕事をしてみたいか、興味を持っているか）</td></tr>
<tr><td colspan="4">2　学校生活について書いてください</td></tr>
<tr><td colspan="2">好きな学科とその理由、嫌いな学科とその理由</td><td colspan="2">所属したクラブ・サークル</td></tr>
<tr><td colspan="2">学生時代に打ち込んだこと（具体的に）</td><td colspan="2">中学校からを含めてこれまで
経験した役員・委員等</td></tr>
<tr><td colspan="4">3　自己PR</td></tr>
<tr><td colspan="4"></td></tr>
<tr><td colspan="4">4　就職活動の状況（今年度の内容）</td></tr>
</table>

受験した（予定の）職種	結果及び予定	志望順位

●記入のコツ

- □ ボールペンで清書をする前に下書きを
- □ 定規で補助線を引き行と字幅のバランスをとる
- □ コピーをとって繰り返し練習する
- □ まずは自己分析をしてから書き始める
- □ 下書きができたら一度誰かに見てもらう
- □ 面接を想定しながら文章を清書していく
- □ 面接カードの書き方について→P.166

学生生活については、細かな部分に及ぶケースも多く、大学時代だけでなく、中・高校生時代についても記入を求められることがあります。部活や委員会、行事への参加など学生時代の活動をよく思い出しておきましょう。

面接マナーと身だしなみの基本

■「しっかりしている」という印象を与えるマナーを身につけよう
■「消防官として住民と接しても問題のない身だしなみ」にする

基本マナーを守るだけで好印象になる

面接時の服装や立ち居振る舞いは、受験者なら気になるところでしょう。常識的な服装やマナーが備わっていれば、初対面である面接官は、まず安心するはずです。しかし、必要以上に丁寧な所作である必要はありません。

大事なことはキビキビと動くことです。面接官は受験者の日常生活のチェックポイントとして、**入室から退出まで、立つときの姿勢やイスの座り方、目線の向きなど細かく見ています。**自分の立ち居振る舞いを鏡で見ながら、練習して慣れておくといいでしょう。面接は第一印象で決まります。

好印象を与えるマナー① あいさつ

ポイントは、自分から先に明るく元気よくあいさつすること。普段からまわりへのあいさつを心がけて習慣づけておこう。

消防官のあいさつが明るく元気だと、住民にとって親しみがわき、安心するもの。それは面接時も同じ。面接官から挨拶してこなくても、受験生の元気な挨拶は会場の雰囲気を明るくすることにもなる。

好印象を与えるマナー② 立ち方

過剰に堂々とした姿勢をとるのではなく、静かに自信を持った姿勢で立つ。両足のかかとを付けて、つま先は握りこぶし1個分程度あける。胸を反らすよりも背筋を伸ばして、天井からヒモで引っ張られているような意識を持って立つとよい姿勢になる。

● ポイント

- □ 胸を反らすのではなく、背筋を伸ばす
- □ 天井からヒモで引っ張られているイメージ
- □ 肩の力を抜き、ほどよくリラックス
- □ かかとをつけ、つま先は握りこぶし1個分開く
- □ 手は指先まで意識して伸ばす

好印象を与えるマナー③ 座り方

イスに座る姿勢は、天井からヒモで引っ張られているイメージで背筋を真っすぐ伸ばして、アゴを引いて座る。面接中は背もたれに背中をつけず、力を抜きすぎないように気をつけよう。手は、男性の場合は軽く握り、女性の場合は指先を伸ばし、手を重ねて、太ももの上に軽く置こう。男性は足を開き過ぎないように注意。

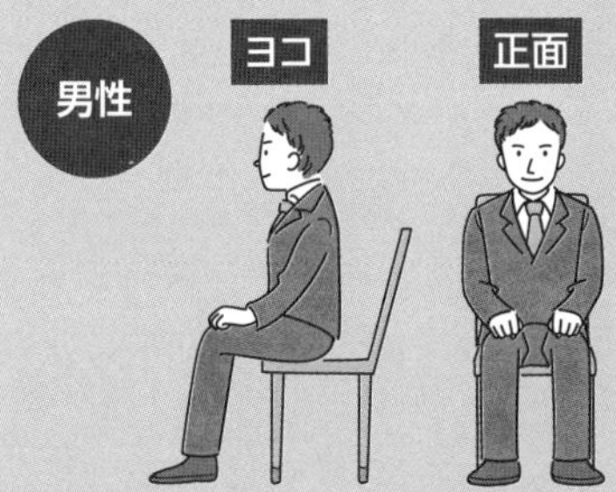

● ポイント

- □ イスの3分の2程度に腰かける
- □ 足は肩幅くらいに開く
- □ 手は軽く握り、太ももに置く
- □ 肩の力を抜いてリラックス

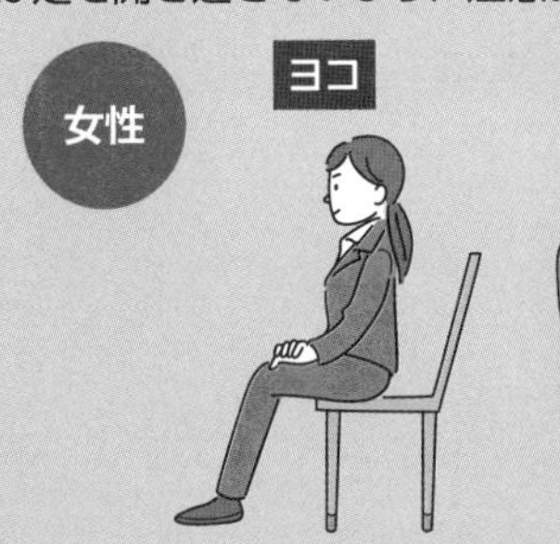

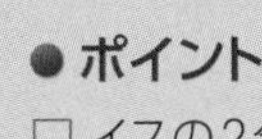

● ポイント

- □ イスの2分の1程度に腰かける
- □ 足は開かずにそのまま下ろす
- □ 両ひざは、常につけておく
- □ 指先を伸ばし、手を重ねて太ももに置く

男性の身だしなみチェックポイント

男性

スーツ

色 リクルートスーツ(濃紺か黒)。

サイズ 流行りのきつ目のサイズより、肩幅がきちんと合っているものが◎。ズボンの折り目が気になるなら、クリーニング店で加工しておく。

チェック

□ ズボンの折り目は綺麗に出ているか?
□ 前合わせのボタンは全部とめているか?
□ ポケットのフラップ（ふた）は入れるか出すか統一しているか?
□ 丈が短くないか?
※高校生の場合は学生服をチェック

顔・髪型

色 黒髪。

長さ 耳にかからない長さ。短髪が望ましい。

チェック

□ 寝癖やひげの剃り残しはないか?

ネクタイ

色 青や濃い赤など明るく見える色。

チェック

□ 結び目の大きさが、えりの形に合っているか?
□ ネクタイの先はベルトの上にあるか?
※ネクタイ以外の装飾品（カフスボタンや高級時計)はNG。

Yシャツ

色 白(インナーのTシャツも白で無地)。

サイズ 首回りとそでは、人差し指が1本入る程度の余裕を。

チェック

□ シャツにしわがないか?
□ えりやそでが黄ばんでいないか?

靴

色 黒のビジネス用紐靴が無難。靴下は濃紺か黒。

チェック

□ 靴に装飾はないか?
□ 白い靴下、くるぶしの見える短いソックスをはいていないか?
□ 靴に汚れやキズがなく、磨いてあるか?
□ かかとは目立つほどすり減っていないか?

面接会場へ行く前に
鏡の前でチェックしよう!

女性の身だしなみチェックポイント

女性

ジャケット

色 黒、ネイビー、チャコールグレー。

サイズ ウエストがほどよく引き締まったもの。面接のときにサイズが気にならないもの。

チェック

- □ しわになっていないか？
- □ 前合わせのボタンは全部とめているか？
- □ ポケットのフラップ（ふた）は入れるか出すか統一しているか？
- □ 丈が短くないか？

※ 高校生の場合は学生服をチェック

髪型・顔・メイク

色 黒髪。

長さ おでこと耳は出るようにする。長髪の場合、一礼して髪が顔にかからないようにまとめる。

チェック

- □ ナチュラルメイクになっているか？

※ ネイルアートはNG。

ブラウス

色 白。

種類 ジャケットとの相性やえりの開き具合を見て、美しく着こなせるもの。

チェック

- □ しわになっていないか？
- □ えりやそでは黄ばんでいないか？

※ イヤリング・ピアス・ブレスレット・ネックレスなどの装飾品はNG。

スカート・パンツ

長さ スカートは、座ってひざ上が出ない丈が目安。

種類 丈が気にならないパンツスーツが無難。ミニスカートは避ける。

チェック

- □ パンツの折り目は美しく出ているか。

靴・ストッキング

色 靴は黒。ストッキングは肌の色に近いもの。

種類 パンプスがベスト。ヒールなら3～5cmと低めで疲れにくいものにする。ストッキングは柄のないもの。見えにくい部分の伝線に注意する。

ハンカチやバッグも綺麗にしておこう！

言葉づかいのマナー

■ 失礼のないよう丁寧な言葉づかいを普段から心がけておく
■ 丁寧語、尊敬語、謙譲語を適切に使い分けられるように

ヘンな言葉づかいはマイナス印象

面接で自然に敬語を使えれば面接官によい印象を与えられます。しかし、敬語を使い慣れていない人は、急に使おうとしてもかえって不自然な言葉づかいになりがちです。面接官はすべての敬語の正しい用法を確認しているのではなく、**相手に失礼のない「丁寧な言葉づかい」を使えるかどうかを見ています。**

自分・身内・相手の呼び方

まず注意したいのが「自分」の呼び方。必ず私と言う。父や母など家族、身内は「さん」をつけない。また、自分や家族の動作は謙譲語を使う。相手の人には「さん」をつけて、動作には尊敬語を使う。

一人称
○ 私
✕ 俺、ぼく、自分

三人称
○ 父、母、兄、姉
✕ 父さん、母さん、お兄ちゃん、お姉ちゃん

丁寧語

丁寧語は話し手（受験者）が、相手（面接官）へ丁寧な気持ちを表す言葉。語尾に「○○です、○○ます」をつける。「○○でございます」も丁寧語だが、通常の話し言葉にはそぐわないので避けよう。

✕ サッカー部に所属していた。
○ サッカー部に所属していました。

✕ 私は映画観賞が好きだ。
○ 私は映画観賞が好きです。

尊敬語と謙譲語

尊敬語

尊敬語は、話題となる人物の動作・存在の主体を高め、話し手がその人物に敬意を表す言葉。「会う」を「お会いになる」のように「お（ご）～になる（なさる）」と変えたり、「休む」を「休まれる」のように動作に「れる・られる」をつける。

謙譲語

謙譲語は、自分の動作・存在の主体を低めて（へりくだる）、聞き手に対して話し手が敬意を表す言葉です。主な例では「会う」を「お目にかかる」や「休む」を「お休みさせていただく」のように「お（ご）～する（いたす）」と変える。

● よく使う尊敬語と謙譲語

語　句	尊敬語	謙譲語
言う	おっしゃいます	申します・申し上げます
する	なさいます	いたします
行く	いらっしゃいます	うかがいます・まいります
見る	ご覧になります	拝見します
いる	いらっしゃいます	おります
食べる	めしあがります	いただきます
知る	ご存じです	存じています・存じ上げます
聞く	聞かれます・お聞きになります	うかがいます・うけたまわります
読む	お読みになります	拝読します

CHECK 言葉づかいは慣れが重要

敬語の使い方は、言葉の種類を頭に入れておくとともに、日常生活でも使うように心がけるとよい。また、語尾伸ばし・語尾上げ口調や「めっちゃ」などの若者言葉、早口なども気をつけることが重要なポイントとなる。

2 消防官面接の基礎知識

入退室の流れと立ち居振る舞い

■ 不安を表情に出さないように、明るく元気に振る舞う
■ 一つひとつの動作にメリハリをつけ、キビキビと動くように心がける

入退室は明るく元気に行おう

面接会場への入退室のときに印象をよくするには、**メリハリのある行動がポイント**になります。面接時の一連の動き「あいさつ→お辞儀→歩く」は、一つひとつ丁寧に行うことを心がけましょう。お辞儀をして、顔を上げないうちに席に向かう受験生がいますが、あまり印象はよくありません。

大事なことは、面接官に**「この人物は明るくて、元気がいい受験生だ」と印象づけることです**。不安がにじみ出ているような表情や振る舞いは避けるようにしましょう。消防官が現場で不安な表情をしていては、住民も不安を感じてしまいます。面接官は「この人物を消防官として安心して住民の前に出せるか」という視点でも受験者を見ているので、立ち居振る舞いに注意して面接に臨みましょう。

入退室時にやってはいけない立ち居振る舞い

- □ 足を引きずるように歩く。
- □ 聞きとりにくいノック、必要以上に強いノック。
- □ 後ろ手でドアを閉める。
- □ あいさつの声が聞きとりにくく、元気がない。
- □ 姿勢が悪く、お辞儀の角度が中途半端。
- □ 面接官と視線を合わさない。

入室から退出までの流れ

面接時の入室から着席までの流れをおさらいしましょう。お辞儀、歩く、あいさつを丁寧に区切って行い、キビキビした動作を心がけましょう。

入室

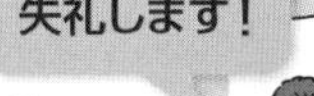

1. 部屋にいる面接官に聞きとりやすいノックをする。
2. 「どうぞ」と言われたら、ドアを静かに開ける。
3. 入室前に元気に「失礼します」とあいさつをする。
4. あいさつを終えてから、お辞儀をして入室する。
5. ドアは身体を振り返り、手を添えてゆっくり閉める。
6. 再び「失礼します」とあいさつしてから、お辞儀をする。

7. 入口に近いイスの横まで進む。
8. 面接官に「受験番号○○番、○○です。よろしくお願いします」と元気よく言ってお辞儀をする。
9. 「どうぞ（おかけください）」と言われたら、「ありがとうございます。失礼します」と答え、再びお辞儀。
10. お辞儀の後は顔をしっかり上げてから着席する。このとき面接官に背中を向けないように注意。

着席

CHECK 入退室の細かなポイント

●ノックの回数

- □ 面接官が気づく強さで2、3回ノックする
- □ ノックの後は最大30秒程度待つ、短時間でノックを繰り返さない
- □ ドアのない会場では、ノックの代わりに元気なあいさつをする

●あいさつ、お辞儀の仕方

- □ 明るさや元気さを念頭に、少し大きい声であいさつをする
- □ お辞儀をするときは、顔を下げる前と上げたときに面接官と視線を合わす

●カバンを持っているとき

- □ 片手でドアを閉めてもOK
- □ 肩かけカバンは、肩から下ろして片手で持つこと

面接終了から退室の流れまで

面接終了

1 面接官から「それではこれで終了します。本日はありがとうございました」などと、面接の終了を伝えられる。

2 着席したまま「はい。本日はありがとうございました」とあいさつする。

3 イスの横に立ち「本日はお忙しい中、ありがとうございました」とあいさつし、深くお辞儀をする。

4 ドアの横まで歩き、上半身だけでなく全身を面接官のほうへ向ける。

5 「本日はありがとうございました。失礼します」とあいさつしてから、再びお辞儀をする。

6 ドアを開けて退室する。

7 入口に立って振り向いてから軽くお辞儀をし、ゆっくりドアを閉める。

退室

もしも「今日はうまくできなかった」と思っても、退室してドアを閉めるまで神経を集中！　面接官は心が折れずに立て直そうとする姿勢も見ています。

綺麗に見えるお辞儀を身につけよう

綺麗に見えるコツは、それほど難しくはありません。一つひとつの動作にメリハリをつけることです。つまり「あいさつしながらお辞儀」「歩きながらお辞儀」など、「ながら」動作をしないこと。次の動作を意識しすぎていると、慌ててしまったり、過度の緊張で、ついつい行ってしまう人も少なくありません。鏡を見ながら、一つひとつの動作を確認し、身体で覚えるようにしましょう。

好印象を与えるお辞儀の仕方

1 あいさつする

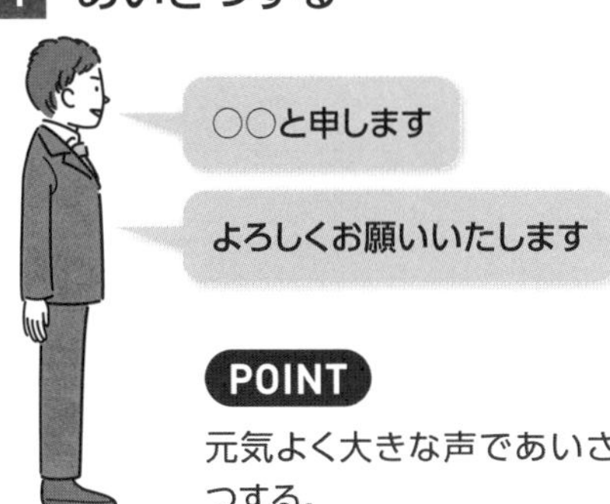

○○と申します
よろしくお願いいたします

POINT

元気よく大きな声であいさつする。

2 腰から曲げて頭を下げる

時間 1秒

POINT

軽くおしりを後ろに突き出すイメージで腰から曲げて、頭から腰まで真っすぐになるようにする。

3 頭を下げたまま静止する

時間 2～3秒

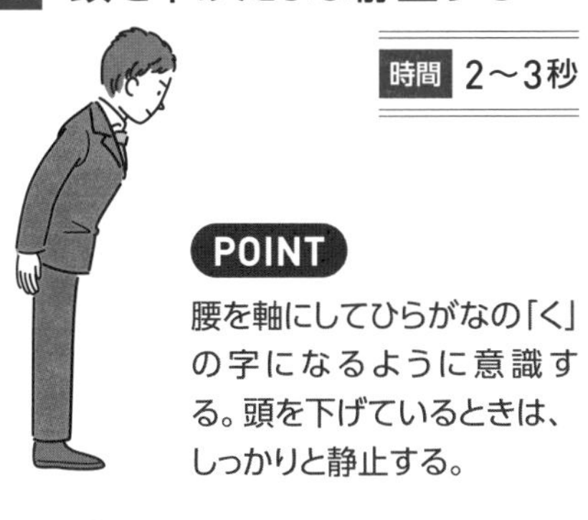

POINT

腰を軸にしてひらがなの「く」の字になるように意識する。頭を下げているときは、しっかりと静止する。

4 頭を上げる

時間 4～5秒

POINT

腰から頭へとゆっくり身体を起こすイメージ。ひと呼吸の間を置いてから、面接官と視線を合わす。

お辞儀をする7つのタイミング

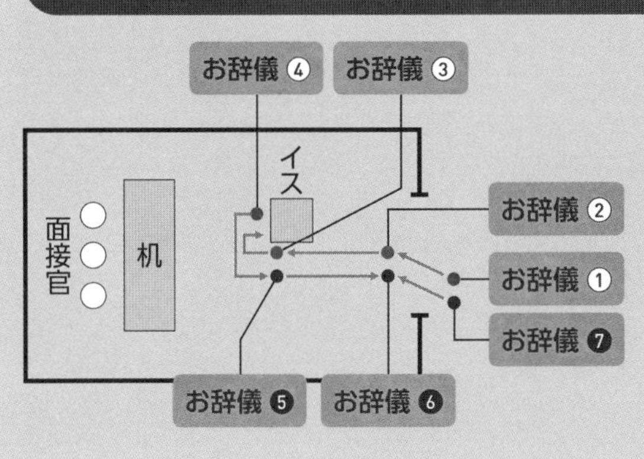

左の図①～❼は、お辞儀をするタイミングを示したもの。①～④は面接前、❺～❼が面接後のお辞儀の場面。特に③の名乗るとき、❺・❻の面接のお礼を言う場面では、丁寧に深くお辞儀をしよう。

圧迫面接を乗り切る方法

■ 圧迫面接はストレス耐性を見ているだけ、怖がる必要はなし
■ 面接官の言葉をまず受け入れ、粘り強く誠実に対応

冷静で辛抱強い対応力があるかどうか

面接の方法には、受験生の発言に揚げ足をとったり、常に否定する質問を繰り返し行う「**圧迫面接**」と呼ばれるものがあります。なぜ、このような面接を行うかというと、**実際の仕事上でのストレス耐性を面接段階で確かめたいから**です。そのため、間違っても怒りや不快感などのネガティブな発言をしてはいけません。「この人物はストレスを与えるとすぐ怒る」などと判断されてしまいます。火災現場で野次馬や通行人の整理をしているときなど、周囲から文句を言われて、そのたびにケンカになってしまったら仕事になりません。もし面接官が嫌な質問をしてきたら「忍耐力と消防官志望への強い決心が、試されているんだな」と心に言い聞かせ、冷静に対応しましょう。

圧迫面接でよく投げかけられるフレーズ

揚げ足をとるフレーズ

意見や体験談の矛盾や説明不足を指摘したり、頭ごなしに否定し、受験生のストレス耐性を確認している。

こういう状況では通用しないよね？

別の考え方もあるんじゃないの？

繰り返される否定のフレーズ

受験生がどんなに誠実に答えても、面接官は話を受け流すかのように否定的な言葉を繰り返し、受験生のストレス耐性を確認している。

消防官に向いてないよ

根拠がないけど

FAQ 圧迫面接に関するよくある質問に答えます

Q1 圧迫面接だとわかったら、どう対応すればいいですか？

A1 相手の発言は、まず受け入れましょう。むやみに反論するとさらに反対意見を言われます。「たしかにおっしゃる通りです。勉強不足でした」「申し訳ありません。ご意見を考慮して考え直すべきだと痛感しております」と意見を受け入れて、粘り強く受け応えしましょう。

Q2 怯えて何も言えなくなってしまったら、どうすればいいですか？

A2 厳しい質問を受けて、なかには黙り込んだり、泣いてしまう受験生もいるようですが、少しでも質問に答えましょう。面接官の発言は本心ではなく、受験者の志望の決心を見ていると受け止めましょう。もし動揺してしまったら、早く立ち直る姿を見せることが大切です。

Q3 圧迫面接と判断できないときはどうすればいいですか？

A3 受験生が圧迫面接と感じても、実際にそれは圧迫面接ではないということがあります。どういうことかと言うと、回答が漠然としている場合、具体的に何が言いたいのかを知るために、面接官は繰り返し質問します。その繰り返しの質問が受験生には圧迫と受け取られるのです。そのように、圧迫面接なのか判断しづらいこともあるかと思いますが、とにかく感情的にならず、堂々とペースを崩さないようにしましょう。

CHECK わからない質問を何度もされたら？

知識不足で質問に答えられないときは、謝罪の姿勢を素直に表す。面接官はさらにたたみかけてくる場合もあるので、続けて質問をされた際の答え方を紹介しよう。

1回目 「申し訳ありません、勉強不足でした。早速、帰宅中に考え方を整理したいと思います」

2回目 「はい、申し訳ありません。それも知りませんでした。答えられるように勉強しておきます」

3回目 「本当に申し訳ありません。それも知りません。勉強不足だと痛感しました。今後の課題として、しっかり調べておきます」

重要なのは自分の非を認める「誠実な対応」。しかし対応が卑屈になっても印象は悪いので堂々と対応することを心がける。

陥りがちな失敗例

■ 自分以外の人にチェックしてもらい失敗につながるクセを認識する
■ 面接前の控室や面接後も気を抜かず、周囲に気を配る

ついやってしまう失敗

　日常のクセが抜け切らず、面接でついついやってしまう失敗があります。そのようなクセは、**自分では気づかないことも多い**ので面接練習や面接ノートを周囲の人にチェックしてもらいましょう。クセ発見の一番有効な手段です。また、以下によくある失敗例を挙げましたので、それらを確認し、同じ失敗をしないよう心がけましょう。

面接カード

失敗例

✕ 志望動機欄に誤字脱字がある。
✕ 文字列が斜めになって読みづらい。
✕ 読み返さないと主旨が伝わらない。
✕ ふりがなの指示を守っていない。

同じ内容でも、きれいに書けていればそれだけで点数が違う。

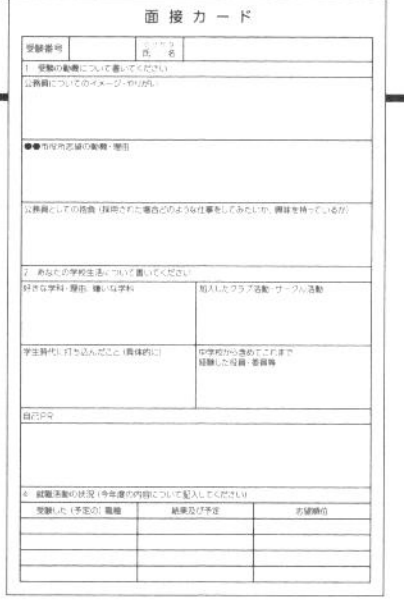
面接カード
受験番号　氏名
1 受験の動機について書いてください
公務員についてのイメージ・やりがい
●●市役所志望の動機・理由
公務員としての抱負（採用された場合どのような仕事をしてみたいか、興味を持っているか）
2 あなたの学校生活について書いてください
好きな学科・理由、嫌いな学科
加入したクラブ活動・サークル活動
学生時代に打ち込んだこと（具体的に）
中学校から含めてこれまで経験した役員・委員等
自己PR
4 就職活動の状況（今年度の内容について記入してください）

受験した（予定の）職種	結果及び予定	志望順位

身だしなみ

失敗例

✕ 見えにくい場所に寝癖がある。
✕ スーツのボタンを全部締めない。
✕ シャツにしわや黄ばみがある。
✕ 靴にキズがあり磨いていない。

不快感を与えない、清潔感のある身だしなみを心がけよう。

言葉づかいとマナー

質問にうまく答えられなくても、何とか答えようとする熱意が重要。

失敗例

- × 自分以外の会話に関心が薄い。
- × 発言時にうつむいている。
- × 敬語の使い分けが適切でない。
- × 相手の話をさえぎる。

入室～着席～退室

キビキビした動作が大切。日頃から自分の姿勢を意識しよう。

失礼します！

失敗例

- × ドアを後ろ手で閉める。
- × うながされるまであいさつをしない。
- × 言葉と動作を同時にしてしまう。
- × 靴を引きずるように歩く。

圧迫面接

失敗例

- × 怒りを露わにする。
- × 沈黙してしまう。
- × 言葉づかいが雑になる。

それでも
消防官になりたいです！

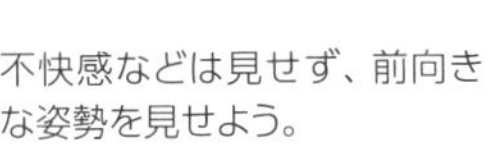

不快感などは見せず、前向きな姿勢を見せよう。

面接官のチェックは、面接時だけとは限りません。面接室に気さくに話しながら案内してくれた係員が、面接官だったケースもあります。控室や順番待ちの廊下でも、周囲への気配りは忘れないようにしましょう。面接後も同じようにキビキビとした態度を心がけましょう。

Column 3

合格者インタビュー③

● 面接で失敗してもあきらめなくてよかったことはありますか？

身だしなみが乱れていたのを指摘された

髪の毛が寝癖ではねていたのに気づかず面接へ。前日に靴の手入れにまで気が回らず、靴が汚れたままだった。また、イスに座ったままあいさつをしてしまった。以上の3点を面接の最中に指摘され、説教されて、これは落ちたと思いましたが、面接ではくよくよせず積極的に熱意をアピールしました。何とか合格できましたが身だしなみなど、基本的な部分は見られているので気をつけたほうがいいと思います。

控室で話しているのを注意された

面接の順番を待つ控室で友人と話をしていると、係員の方に静かにするよう叱責され、受験番号まで聞かれてしまいました。これでもうダメかと思いましたが、面接ではあきらめずに志をアピール。無事採用してもらうことができました。ちょっとしたミスでくよくよせず、最後まであきらめないのが大切だと思います。

提出書類に不備があって焦った

面接までに提出する書類に不備があったうえ、期日の確認不足で健康診断書も期日までに提出できませんでした。もうダメだと焦ったのですが、そのときの担当者の方が「後で送ってくれればいいから」と大目に見てくれて何とか合格。助かりました。今回はたまたま受かったからよかったものの、準備はきちんとするべきだと改めて思いました。

Chapter 3

自分の答えをつくる方法

面接試験は、筆記試験や体力試験と違って、決められた答えや越えるべき基準がはっきりしていません。つまり、模範回答を覚えていっても意味がないのです。与えられる質問に対して、いかに自分らしく答えられるか、その準備の仕方を紹介します。

自分の回答を準備する

■ 自分の言葉で話せる、自分にとってのベスト回答をつくろう
■ とにかくネタを挙げられるだけ出し、優先順位をつけてみよう

自分の回答は自分でしかつくれない

「面接官に好印象を与える」ことばかりを考えると、「自分の回答」へのハードルが高くなってしまいます。面接官は「正解」を求めているわけではありません。**あなたがどんな人で、一緒に働く仲間としてふさわしいかどうかを見極めたいのです**。大事なのは、自分のことを自分の言葉で面接官にわかるように伝えること。**相手に伝わる回答は、借りものではつくれません**。苦労しながら自分史を磨いていくことで、必ず自分らしい、オリジナルの回答がつくれます。ここでは回答づくりの具体的な方法を紹介します。基本をしっかりと習得して、「オンリーワン」の回答をつくっていきましょう。

伝わる・説得力のある回答をつくる4ステップ

説得力のある回答にするには、「具体性」が何よりも重要。まずは自分の性格や体験をブレインストーミングで「いらない話」も含めて出しきり、それを基にして整理し、説得力のある回答にグレードアップさせよう。

STEP 1 ブレインストーミング
思いつく限り、自分のことを書き出す

STEP 2 5W1H
6つの質問で情報を整理してから回答をつくる

STEP 3 新聞記事を要約する
表現方法、表現のポイントを学ぶ

STEP 4 模擬面接で練習
本番を想定した練習を繰り返して、どんな質問にも回答できるようにする

STEP 1 ブレインストーミング

ベストな回答をつくる最初のステップが「ブレインストーミング」です。集団で自由に意見を出し合って新しいアイディアを生み出す発想法のことで、他者の刺激でより意見が活発化するのですが、1人でも行えます。とにかく思いつく限り、時間を区切って次々とスピーディーに出してみましょう。

ブレインストーミング手順

❶ とにかく深く考えず、気軽に書く。誰かに見られるわけではないので、頭に思い浮かぶままを短いセンテンスで書き連ねていく

❷ 面接に使えるかどうかではなく、強く印象に残っている事柄を飾らずに書く

❸ 制限時間を10分にし、徹底的に集中する。そうすることで突然思い出すこともある

❹ 手が止まった時点で終了する。勢いがつけば10分を超えても構わない

手順具体例

Aくんのブレインストーミング

高校生Aくんは、「力を注いだことは何ですか？」という質問の回答づくりのために、ブレインストーミングでとにかく思いつくことを書き出してみました。

- アルバイト（ファミレス）
- アルバイト（家庭教師）
- アルバイトで貯めたお金での中国旅行
- 英検の勉強（2級に落ちた）
- 刑法の授業（法律が難しかった）
- 英語の授業（宿題が多かった）
- 通学時間が長い（片道2時間）
- テニスサークル（最初の1年だけで幽霊部員になってしまった）
- ゼミの日本外交史について（人前での発表に緊張した）

ネタに困った日には、早めに切り上げてぐっすり寝ること。頭がすっきりした翌日、再び取り組んでみましょう。学生生活を通じて、自分の心に残った出来事を1つでも多く出していきます。挙げられるだけネタを出した後、そこから優先順位をつけていきます。

優先順位をつける方法

❶ ブレインストーミングで書き出したネタのすべてに、A～Dのランクをつけてみる
❷ 一番ランクが高いものを選ぶ。最上位ランクのネタが複数ある場合は、その中でさらに優先順位をつけ、最上ランクのものを選ぶ。

● ランクづけの目安

Aランク	とても○○なもの 「とてもがんばったな！」「とても充実していたな」と思うネタ。
Bランク	少し○○なもの 「まあまあがんばったな」「かなり苦労したな」と思うネタ。
Cランク	判断に迷うもの Bでもなく、Dでもなく、判断しづらい迷いのあるネタ。
Dランク	まったく○○でないもの 「楽だったな」「困難ではなかったな」と思うネタ。

手順具体例

Aくんが書き出したネタをランクづけ

ブレインストーミングでネタを書き出したAくん。次は、すべてのネタに面接で使えそうなものを選別し、A～Dのジャンル別に分けていきます。

- Ⓑ アルバイト（ファミレス）
- Ⓑ アルバイト（家庭教師）
- Ⓐ アルバイトで貯めたお金での中国旅行
- Ⓑ 英検の勉強（2級に落ちた）
- Ⓑ 刑法の授業（法律が難しかった）
- Ⓒ 英語の授業（宿題が多かった）
- Ⓓ 通学時間が長い（片道2時間）
- Ⓓ テニスサークル（最初の1年だけで幽霊部員になってしまった）
- Ⓑ ゼミの日本外交史について（人前での発表に緊張した）

優先順位がつけられたら、次のステップに進みます。「達成したいと思った」「大変だった」「充実していた」とジャンル分けすると、優先順位がつけやすくなるでしょう。この段階ではランクの数に偏りがあっても構いません。

STEP 2 5W1Hで回答づくり

5W1Hとは「なにを（What）、だれが（Who）、いつ（When）、どこで（Where）、なぜ（Why）、どのように（How）」という6つの情報。これを押さえれば、**言いたいことをわかりやすく伝えられる**。Chapter4～6の面接質問に対し、5W1Hを押さえた回答をつくる練習を行おう。

5W1Hの手順

❶ 面接質問を用意し、紙にWhat、Who、When、Where、Why、Howと書く

❷ その横に、自分の経験をあてはめて5W1Hの答えを書き出す

❸ 書き出した答えをつなげて1つの文章になるよう回答をつくる

手順具体例  Bくんの5W1H

ここでは「力を注いだことは何ですか？」という質問に対する回答づくりに悩む大学生Bくんの例を見てみます。次のようなことを書き出しました。

WHAT なにをやった？

ディフェンダーとして、前半に取った1点を守り切って勝った。

WHO だれが？

私が。

WHEN いつの話？

高校2年の秋、高校選手権の県大会の準々決勝で。

WHERE どこで経験した？

県の総合グラウンドで。

WHY なぜそうできた？

2年間の苦しい練習を乗り切ることで、体力も精神力も鍛えることができたから。

HOW どのようにそれをやった？

仲間と連携し、指示を出し合いながら、最後は気力で走って守った。

組み合わせる方法

まず、書き出した6つのポイントを並べて、それらを組み合わせて1つの文章にまとめてみる。内容によっては、無理に6つの要素を全部使わなくてもよい。その1つの文章を柱にして、アピールしたい部分、説明不足の部分を加えていく。

手順具体例  Bくんの5W1H回答を組み合わせる

「サッカー部でのエピソード」について、5W1Hの質問で出てきたBくんの回答。これらを組み合わせることで、自己PRに活用できる文章としてまとめてみよう。

- ディフェンダーとして、前半に取った1点を守り切って勝った。
- 私が。
- 高校2年の秋、高校選手権の県大会の準々決勝で。
- 県の総合グラウンドで。
- 仲間と連携し、指示を出し合いながら、最後は気力で走って守った。
- 2年間の苦しい練習を乗り切ることで、体力も精神力も鍛えることができたから。

私は高校ではサッカー部に所属していました。そこで一番思い出に残っているのが、高校2年の秋に行われた高校選手権の県大会の準々決勝で勝ったことです。その試合は、サッカーで有名な■■高校が相手だったのですが、私はディフェンダーとして起用され、仲間が前半に取った1点を守り切って勝つことができました。強い相手だったので厳しい試合展開だったのですが、仲間と連携し、指示を出し合いながら、最後は気力で走って失点を防ぐことができました。それは、放課後の練習のほか、毎日仲間と自主的に朝練も行って走るスピードを上げるなど、2年間の苦しい練習を乗り切ることで、体力も精神力も鍛えることができたからだと思います。その体力と精神力を活かして、厳しい訓練にも耐え抜き、消防官として●●市を守っていくつもりです。

❶ 具体的な数字があってわかりやすい。

❷ 具体的な理由があり、説得力がある。

面接官の気持ちを惹きつけるためには、目の前に情景が思い浮かぶように、具体的にわかりやすく話をすることが大切。それには、5W1Hを使って考えるのが有効です。1つのエピソードを深く掘り下げ、面接官に存分にアピールできるようにしよう。

STEP 3 新聞記事を要約する

自分の言いたいことをわかりやすく伝えるには練習が必要。効果的なのが新聞記事の要約だ。時事問題などの記事を半分くらいの量に縮めてみよう。できた文章を友人や家族、学校の先生などに見てもらって意見を言ってもらえば、言いたいことを伝える力や作文力を養成できる。10回以上は練習を。

新聞記事要約の手順

❶ 段落ごとに必要な言葉を抜き出して、それを組み合わせて文章にする

❷ いくつかの特徴や事実が並べられているときは、一言でまとめる

❸ 具体的な名前や数字は、必要なものと不要なものに分けてピックアップ

❹ まとめるときは5W1Hにあてはめながら書いて、読み直して修整する

手順具体例

Cくんの新聞記事要約 その①

新聞やニュースサイトに掲載されている記事の中から、時事問題を扱った記事やコラムなど、適当な長さのものを選んで、半分くらいの量に縮めてみる。

新聞記事

経済協力開発機構（OECD）のアンドレアス・シュライヒャー教育・スキル局長が27日、東京都内の日本記者クラブで会見を行い、OECDが9年ぶりに作成した日本の教育政策に関する報告書の説明を行った。この中で、子供のネット依存増加に懸念を示した。

報告書では15歳以下の子供に対する調査で、スマートフォンなどを通じたインターネットから離れると「不安に陥る」の回答が男女ともに約半数を占めた。シュライヒャー氏は、先進国の中で日本は比較的低い数値ではあるものの、ネットに依存する子供は年々増加していると指摘。「今は知らないことをネットで検索する時代だが、それが正しい情報かを検証することは難しい」と述べた。－静岡新聞より－（295文字）

要約

OECD（経済協力開発機構）は、子供のネット依存に関する懸念を示した。報告書では15歳以下の子供でインターネットから離れると「不安に陥る」という回答をしたのは、約半数を占めた。また、日本は比較的低い数値であるもののネットに依存する子供は年々増加していると指摘した。（131文字）

手順具体例  Cくんの新聞記事要約 その②

文字量をいきなり半分に要約するのが難しければ、まず、重要な部分を箇条書きにしてみるとよい。そこから選びながら組み合わせれば、文章もつくりやすい。

新聞記事

経済協力開発機構（OECD）のアンドレアス・シュライヒャー教育・スキル局長が27日、東京都内の日本記者クラブで会見を行い、OECDが9年ぶりに作成した日本の教育政策に関する報告書の説明を行った。この中で、子供のネット依存増加に懸念を示した。

報告書では15歳以下の子供に対する調査で、スマートフォンなどを通じたインターネットから離れると「不安に陥る」の回答が男女ともに約半数を占めた。シュライヒャー氏は、先進国の中で日本は比較的低い数値ではあるものの、ネットに依存する子供は年々増加していると指摘。「今は知らないことをネットで検索する時代だが、それが正しい情報かを検証することは難しい」と述べた。－静岡新聞より－（295文字）

要約

- 経済協力開発機構（OECD）が日本の教育政策に関する報告書の説明を行った。
- アンドレアス・シュライヒャー教育・スキル局長が説明を行った。
- 15歳以下の子供に対する調査
- 子供のネット依存増加に懸念
- インターネットから離れると「不安に陥る」が男女ともに約半数を占めた。
- 先進国の中で日本は比較的低い数値
- ネットに依存する子供は年々増加している
- 今は知らないことをネットで検索する時代
- ネットの情報が正しい情報かを検証することは難しい

本書掲載回答例も要約してみる

新聞要約は、わかりやすい文章のつくり方を学びながら、時事問題への準備にもなるおすすめの訓練法。本書のQ&A（P.71～140）の「本気度が伝わる回答例」の要約もおすすめだ。要約することで、なぜこれが「伝わる回答例」なのか、そのポイントが見えてくる。どういった要素が含まれているのか、自分の回答と見比べてみるのも効果的です。

STEP 4 友人や家族に頼んで模擬面接で練習

STEP1～3を何度か繰り返し、面接ノートをつくってまとめれば、少しずつ自分の回答ができてくるはず。そこまで準備ができたら、最後に本番の面接に近い状況での練習を積んでおこう。友人などに面接官の役をしてもらい、想定される質問をしてもらって答える、というロールプレイングです。

模擬面接の手順

❶ 本書のQ&A（P.71～140）やP188の「よく出る過去質問集」など、質問を用意

❷ 友人や家族などに面接官役をしてもらい、質問に答える

❸ 気になった点やあいまいな回答にも突っ込んでもらい、ダメなところは改めて準備

❹ 1回15分を何度も繰り返せば、どんな突っ込みにも慌てず対応できる

手順具体例

Dくんと友人の模擬面接

模擬面接（ロールプレイング）は、面接度胸をつけるうえでもとても大切。少し気恥ずかしいかもしれないが、消防官になりたい気持ちが強ければできるはずです。

友人（面接官役）
なぜ○○○市の消防が第1志望なのですか？

Dくん
はい！　まず1つ目には自分が生まれ育った町だからです。
この町の人や建物や自然に愛着があり、………

友人（面接官役）
では、なぜ○○市の消防も併願しているのですか？

Dくん
はい！　それはどうしても消防官の仕事に就きたいからです。
私は小学生の頃から消防士になりたいと、………

模擬面接の様子はビデオやスマートフォンで録画して、後で自分の受け応えを客観的に見てみるといい。言いたいことが言えてなかったり、意外に声が小さかったり、姿勢が崩れてきたりと直すべき点がたくさん見つかるはずです。

Column 4

面接官のホンネ①

一緒に働きたいと思える人物かどうかを知りたい！

面接では、「この人と一緒に働きたいと思えるかどうか」を基準に、どんな人物なのかを探っています。自分を普段以上に見せようとする受験生が多いですが、それは話をしてみればだいたいわかりますね。過去に採用した人物の、面接での対応と働き始めてからの姿を見比べていて、だいたい想像できるので。だから、苦労したことや趣味の話など、本当の人柄が現れるような話を聞きたいですね。

模範解答やマニュアル回答には腹が立つ

何度か面接官を務めると、だいたい最初の数分の印象で採用される人かどうか、ある程度わかるようになってきます。面接は、話の中でそれで大丈夫かを確認したり、逆に落とす理由を見つけたりする作業ですね。面接でのやりとりについても、模範解答やマニュアル通りの回答をされると腹立たしく感じますね。こちらも時間を割いて話を聞いているんだから、腹を割って話してほしいんですよ。

模範解答は嫌われていて、大幅に減点されるから気をつけること。自分を繕い過ぎず、自分の人柄を伝えられるようなエピソードをしっかり準備しておこう。通学に2時間かかる山の中に住んでいる人は、無遅刻無欠席だった話をするだけでどの面接でも感心されて、山奥の話で盛り上がったそうだ。趣味や部活の話も盛り上がりやすいので、積極的に話題にしてみよう。

Chapter 4

自分の言葉でつくるベスト回答 —自己PR・意欲編—

面接では、さまざまな質問が投げかけられますが、それぞれの質問の裏には何かを明らかにしたいという面接官の目的があります。Chapter 4では、受験者の長所や消防の仕事に対する意欲を探る質問について、どのような回答の仕方があるのか見ていきましょう。

自己PRのつくり方

■ 自分の長所を面接官にわかりやすく伝えたい
■ 長所を具体的に示せるエピソードを用意しよう

面接のメインとも言える自己PR

自己PRは、自分の長所を面接官にわかりやすく伝えるもの。短い時間で**「この人のことを知りたい」「この人と働きたい」と思わせるものを用意しなくてはならない。**そのためには、まず過去の経験を思い出したり人の意見を聞いたりして、自分の長所をリストアップする。それができたら、それらの長所の中で一番いいと思うもの、あるいは面接官に一番受けそうなものを１つ決めて、「その長所を自分は持っている」ということを示すことのできる具体的なエピソードを伝えられるようにする。言葉づかいは背伸びしすぎず自分の言葉で、また前向きではあっても自慢気には聞こえないように話せるようにしよう。

自己PRをつくるためのステップ

何の準備もなしに、いきなり「自己PRをつくろう!」と考えてみても難しい。次ページで具体的に説明する3つのステップを順にこなしていけば、面接官に伝わりやすい自己PRをつくることができるはずだ。

STEP 1 自分の体験をリスト化する（ブレインストーミング）

STEP 2 自分の長所を挙げて、１つに絞る

STEP 3 自分の長所を説明できるエピソードを選ぶ

STEP 1 ブレインストーミングで自分の体験をリスト化

過去３年間くらいで自分が経験したこと、意図して体験したことなどを思い出し、箇条書きでよいのでざっとリストアップしていく。できれば１人でやるのではなく、家族や友人と話しながら一緒に思い出してもらうと、客観的な意見が聞けてよいだろう。

（例）
部活：サッカー部 ── 県大会出場
　└ 部長になる
アルバイト：コンビニ ── バイトリーダー
　└ トラブル解決

STEP 2 自分の長所を挙げて、１つに絞る

リスト化した体験を見ながら、自分の長所を挙げていき、その中から、もっともアピールできそうなものを１つだけ選ぶ。自己PRでは長所を１つに絞り、それをしっかりアピールするほうが面接官に伝わりやすい。数多く挙げると印象が薄くなってしまう。

✖ダメな例

私はコミュニケーションが得意で、真面目で、辛抱強く～
受験生のキャラクターが見えづらい

STEP 3 自分の長所を説明できるエピソードを選ぶ

自己PRで話す長所を１つ決めたら、それを説明できるエピソード（具体例）を用意する。たとえば、「責任感が強い」という長所と「サッカー部の部長を務め、チームを引っ張り、その結果県大会で３位になった」という話を結び付ける、など。

長所は「責任感が強い」
↓
サッカー部で部長を務めた

自己PRで長所を話すと短所を聞かれることがある。この場合、そのままの短所を答える必要はない。たとえば、長所が「真面目で一生懸命」なら「真面目すぎて堅物といわれる」など、長所の裏返しのような無難な話で乗り切ろう。

自己PRをお願いいたします

質問の狙い！

面接官は受験生と初対面です。この受験生にはどんな特徴があるのか端的に知りたがっています。同時に自己分析がしっかりできているかについても判断します。

私は小学生の頃よりサッカーをやっていまして、高校でもサッカー部に所属していました。スポーツが強い学校ではありませんでしたが、めげずに練習に励んでました。部員はたくさんいましたが、スタメンに選ばれることもあり、たぶんそういった自分のがんばりが認められた結果だと自負しています。消防官になってもがんばります。

⊗ 具体的な数字がなく、説得力がない。

⊗ 例がなく抽象的なので、どうがんばったのかが見えてこない。

「別に」「たぶん」など

あいまいな表現はNG。中途半端な発言はウソ、怪しいといった印象を与えてしまう。

ワンポイントアドバイス

数値化（何年間や何回など）や固有名詞（犬ではなくブルドッグなど）を入れることは重要。サッカーの経験年数や部員数。何をどのようにがんばって、結果どういう評価や功績を得られたのかなど、エピソードの補足説明が抜け落ちないよう注意しよう。

フォローアップ

発展質問　ほかにも自己PRがあれば教えてください。

狙い　追加で質問することで受験生のほかの特徴を探るのと同時に、本心も見ている。

答え方　動揺せず、同じようにエピソードを交えて、自分の長所を伝えよう。

本気度が伝わる回答 ◎

①

はい！ 努力家である、というのが私の強みです。【面接官：その根拠は?】小学6年生からサッカーを始め、高校も3年間サッカー部に所属していました。決して強いチームではありませんでしたが、他校に負けない練習メニューを研究し、それを取り入れ、結果、黒星続きだった練習試合でも勝てるようになりました。【その経験から何か学んだことはありますか?】この経験を通じて私は努力し続けることの大切さを学びました。消防官になっても、この経験を忘れず、成長し続けて○○市民の生命と財産を守りたいと思っています。

②

本気度が伝わるステップアップ

① 結論を先に述べている

プロセスを説明するより結論を先に述べることで、話がわかりやすくなっている。また、「何についての話か」「何をして何を得たのか」ということを順序立てて話しているので、聞いている側はより理解がしやすくなる。

② 具体例を用いている

「練習試合でも勝てるようになった」、「練習メニューを研究した」などの具体例を用いているのでリアリティが出ている。注意したいのは一番最近（大学生なら大学時代、高校生なら高校時代）のエピソードを語ること。

5W1Hでつくる自分の回答「自己PR編」

		ー回答メモー
WHAT	あなたの強みは何ですか？	
WHO	誰がその強みを評価してくれましたか？	
WHEN	いつそれを発揮しましたか？	
WHERE	どこでその強みを発揮しましたか？	
WHY	なぜそれを強みだと思うのですか？	
HOW	どうそれを仕事に活かしますか？	メモを組み合わせて回答をつくろう！ 回答のつくり方は→P.61～

Q.02 あなたの長所と短所を教えてください

消防という組織の中で、うまくやっていけるかを判断しながら、自己PR同様に自己分析がしっかりできているかを見ています。

✖ 仕事で活かせるかどうかの判断材料となる長所の具体例を述べていない。

私の長所は、**努力家のところです。サークルでも、ほかの人より働いて運営がうまくいくように努力してきました**。短所は、**弱腰で嫌なことから目を背けてしまう**ところです。サークルで何かトラブルがあったとき、一度その場から離れ、事態が落ち着いた頃に再び戻りました。ただ、きちんと謝り、みんなのフォロー役として、持ち前の明るさを活かして円満になるよう努めていました。

✖ 明らかに消防官に向いていない短所を述べている。火事現場から真っ先に逃げ出してしまうのではないかという印象を抱かせてしまう。

ワンポイントアドバイス

長所多めで短所はあっさりが基本。長所の言いたいことは一つに絞ること。短所は明らかに「私は消防官に向いていません」という告白にならないように。短所は誰にでもあるものなので「短所はありません」というのもNG。自分を客観視して短所を把握し、短所を述べた後はそれをどう直す努力をしているかについても答えられるようにしよう。

フォローアップ

発展質問 「短所を克服しようとした結果は？　最近その短所が出た経験は？」

狙　い 短所に対する取り組み方を確認することで、面接のためにつくった短所でないかを確認しようとしている。

答え方 「はい、視野が狭くならないように、大学ではスケジュールを意識して取り組みました。結果、サークルが忙しい時期も試験やレポートを無事乗り越えることができました」など、成長している印象を与えたい。

本気度が伝わる回答◎

はい！　私の長所は、粘り強く目標達成のために努力やトレーニングをする力です。【面接官：なぜそう思うのですか?】私は小学6年生から高校卒業まで野球部に所属していたのですが、苦手なバッティングも、素振りなど人の倍の数をこなすことで克服し、そのように取り組み続けた結果、レギュラーになることができました。将来は野球で学んだことを活かしたいです。【あなたの短所を教えてください】短所は物事に熱中しすぎることです。レギュラーになるために野球中心の生活を送り、学業がおろそかになることがありました。ですから、対策としてこの時間は練習、この時間は勉強とはっきりと区切り、ダラダラしないよう切り替えを意識し続けています。

本気度が伝わるステップアップ

① 具体的な体験とともに消防官に適した長所を述べている

「粘り強く」、「努力とトレーニング」など、消防官の仕事に役立つ長所を述べている。さらにその長所があることを裏付ける小学校～高校の野球部時代の体験を述べたことで、説得力を高めている。

② 短所は無難なものを選び、その改善策も答えている

「熱中しすぎて学業がおろそかになった」という短所の反省と克服の姿勢を見せることで、面接官を安心させようとしている。面接官が不安に思いそうなことを述べたときは、質問される前に自分でフォローしよう。

5W1Hでつくる自分の回答「長所・短所編」

		ー回答メモー
WHAT	あなたの長所と短所は何ですか？	
WHO	誰がその長所・短所を評価しましたか？	
WHEN	いつそれが長所・短所であると思ったのですか？	
WHERE	どこでその長所・短所が表れましたか？	
WHY	なぜそれが長所・短所だと思うのですか？	
HOW	どうやってその短所を改善しますか？	メモを組み合わせて回答をつくろう！ 回答のつくり方は→P.61～

Q.03 あなたのどんなところが消防官に向いていますか？

質問の狙い！

受験生が今までやってきたことと、消防官になって何をやりたいのか（志望理由）をどうつなげて考えているかを見ています。

ダメな回答例

「性格的に」という理由だけでは説得力に欠けてしまう。必ず性格を表すようなエピソードを加えること。

はい。私は**性格的に**消防官に向いていると思います。消防官らしい正義感、どんな逆境にも負けない精神力を備えていると自負しています。

「親族に消防官がいるから」という理由だけでは不十分。

はい。私の**お兄さんが消防官で、消防官という職業を身近に感じておりました**。兄に似た私もまた、消防官に向いていると思うようになりました。

「お兄さん・お姉さん」「お父さん・お母さん」など

面接の場では必ず「兄、姉、父、母」と呼ぶようにすること。→P.50参照

ワンポイントアドバイス

性格上向いているとアピールする際には、必ず性格を表すエピソードを加えて説得力を持たせる。「兄が消防官だから」という理由も説得力に欠けるので、「話を聞くうちに自分にも向いていると思うようになった」と、思いに至る経緯も伝えられるように。また、「消防官になって○○な仕事がしたい」「こういう夢を実現したいから」という前向きな夢を語ることも重要。

フォローアップ

類似質問 あなたの消防士に対するイメージは？

狙い 正しいイメージ像を持っているか、志望理由が明瞭か確認している。

答え方 的外れなこと、理想ばかりを言わないよう、事前に消防官の仕事を調べて答えられるようにする。

①

はい！　献身的なところが向いていると思います。【面接官：それはどういったときに思いましたか？】環境委員という校内環境を向上させる委員会に入っていました。校内清掃やゴミの分別、植物の手入れなどが主な仕事になるのですが、委員一同、一丸となって活動し、呼びかけや先陣を切っての清掃活動が実を結び、他校の先生の訪問があったときには、よく清掃された校舎を褒めていただきました。そういった、人のためにがんばれる、たくさんの人たちと一緒になって目標を達成するチームワークは消防官に向いていると自負しています。

②

① 消防官に適したポイントを挙げている

消防官として求められている性質を具体的に述べているので、正しいイメージ像を持っているとわかる。過去の実績や体験を述べることで、聞き手側が「この人が消防官になったら」とイメージしやすくなっている。

② 献身的、チームワークといった長所も表現できている

「人のためにがんばれる」という長所は、チームワークが求められる消防官には大事なこと。また、この回答のように、説得力ある内容はもちろん、面接官が「この人と一緒に働きたい」と思わせることも重要。

5W1Hでつくる自分の回答「志望理由編」

		ー回答メモー
WHAT	あなたの消防官に向いているところは？	
WHO	誰が向いていると評価しましたか？	
WHEN	いつ向いていると思いましたか？	
WHERE	どこで向いていると感じましたか？	
WHY	なぜ向いていると思うのですか？	
HOW	どのようにそれを仕事に活かしますか？	メモを組み合わせて回答をつくろう！

回答のつくり方は→P.61〜

Q.04 学生時代に打ち込んだことを教えてください

質問の狙い！ 受験生の仕事に対する意欲や価値観をはじめ、目標達成能力があるかどうかを確認しています。

何年間、何名、毎週何回かなど、具体的な数値化ができていない。

はい。昔からバスケットボールを**ずっと続けてきました**。所属していたバスケットボールサークルには**たくさんのメンバー**がおり、**毎週活動**していました。私は**一度やると決めたことはどんな状況になっても必ず成し遂げる根性があります**。この根性を活かして、消防官になってからも、どんな過酷な仕事でも絶対に乗り越えたいです。

どんな経験をして、どう乗り越えたのかなどの体験談が抜けている。

「趣味はない」「趣味は仕事と言えるようになりたい」

趣味の話題は盛り上がるケースが多い。同じ趣味の面接官がいると、それだけで面接が終わったりすることも。面接カードに記入欄があればしっかり書く。

ワンポイントアドバイス

具体的な数字を出すことは説得力を持たせるうえで重要。ただ、そこに執着しすぎてどう乗り越えたかなどの体験談や根拠が抜けないように。さらに、そこで学んだことを将来どのように活かせるかまで話せるようにしておこう。

フォローアップ

発展質問 「次（二番目）に力を入れたことを教えてください」

狙い 受験生の想定していない質問をして、受験生の素顔を確認しようとしている。

答え方 基本的にはもっとも力を入れたことと同じ。「力を入れた理由」を述べ、その理由と学んだことを答えればよい。「力を入れたこと」をいくつか整理しておきたい。

本気度が伝わる回答◎

はい！　私が力を入れたことは、①小学生の頃から大学3年生まで９年間続けているバスケットボールです。【面接官：それから何を学びましたか？】チームスポーツということもあり、②コミュニケーションの重要性を学びました。消防官の仕事もチームワークが重要になるかと思いますが、普段から職場の人とコミュニケーションを取ってよい関係を築くなど、学んだことを仕事に活かしていきたいです。【具体的なエピソードを教えてください】最初はバスケットが好き、という以外であまり共通点がなかった仲間たちと、練習以外でもよく話すようになり、その話の中で市内クラブ大会優勝を目標に掲げることになりました。みんなで練習メニューを考え、みんなが練習時間を取れる日を調整し、その結果、市大会で準優勝を果たしました。

① 一つのことに絞り込んでいる

あれもこれも総花的に述べるより、一つに絞り込んで、それがどう楽しかったのか、何を得たのか、面接官がイメージできるよう具体的に話そう。

② 何を学んだかが述べられている

学生時代に打ち込んだことをただ述べるだけではなく、それを通じて何を学んだか、そして将来それをどう活かせるかについても述べられている。

5W1Hでつくる自分の回答「学生時代に打ち込んだこと編」

		一回答メモー
WHAT	打ち込んだことは何ですか？ それから何が得られましたか？	
WHO	誰とそれに取り組みましたか？	
WHEN	いつからそれをやっていますか？	
WHERE	主にどこでそれに取り組みましたか？	
WHY	なぜそれに打ち込んだのですか？	
HOW	それをどう仕事に活かしますか？	メモを組み合わせて回答をつくろう！ 回答のつくり方は→P.61〜

Q.05 アルバイトは何かやっていましたか？

受験生の職業観や社会観、アルバイト経験を通じてどう成長したかを確認しています。

✖ 学生の本分は学業。学業をおろそかにしているのでは？ という印象がある。

えーと。コンビニエンスストアで働いていました。【働いてみてどうでしたか？】働くことが楽しく、勉強になることも多いので、**学校が終わったらすぐに出勤するようにしていました**。そのおかげで**お金もたくさん稼ぐことができ、貯金もできました**。働くことの大切さは学生の誰より知っているつもりです。

✖ 努力や工夫、失敗話がなく「逆境に弱いのでは」とも受け取られる。

給料・金銭面のこと

お金を稼ぐことはもちろん大事だが、そればかりが目的だという印象を抱かれてしまいがち。それよりも別の長所などをアピールするほうがよい。

アルバイト経験は自己PRになるが、学生の本分は勉強。きちんと両立したことを伝えたい。また、あれもこれもと自慢をしないように注意したい。絶対これは言っておきたいことを一つに絞ること。

フォローアップ

類似質問 何のためにアルバイトをするのですか？

狙い 学生の本分をどうとらえているか、お金に対する執着など、受験生の価値観を確認している。

答え方 学業と両立しながら、社会感覚を身につける目的であることを述べる。お金が目的なら、家庭の事情などきちんとした理由を伝える。

①

はい！　コンビニエンスストアで２年間アルバイトとして働いていました。【面接官：働いてみてどうでしたか？】はい。最初は言葉づかいなどの接客面でミスが多々あり、店長にも厳しい言葉をいただきました。言葉づかいに意識を向けると、自分がお辞儀やあいさつなどの礼儀をおろそかにしていた、と実感しました。【それをどう克服しましたか？】**出勤する際のあいさつ、先輩と会話するときの言葉づかいを意識して、身体で覚えるようにしました**。段々と店長からの指摘もなくなり、先輩たちからも自然と親しく話しかけられるようになりました。あいさつや礼儀は接客、コミュニケーションの基本だと学びました。**勉学がおろそかにならない程度に仕事に励みました。**

②

① アルバイトの経験を通じ、何を身につけたかを述べている

言葉づかいで失敗したことを述べ、それをどう克服したのかエピソードを交えているので、説得力があり、どう成長したかもわかる。社会では当たり前の礼儀や言葉づかいが学生のうちに身についたこともアピールになる。

② 勉学についても触れている

「勉学がおろそかにならない程度」と、あくまで学生の本分は勉強であり、それをおろそかにしていない、ということもアピールできている。

5W1Hでつくる自分の回答「アルバイト編」

		ー回答メモー
WHAT	アルバイトから何を得ましたか？	
WHO	誰があなたをどう評価しましたか？	
WHEN	いつからアルバイトを始めましたか？	
WHERE	どこで働いていましたか？	
WHY	なぜあなたはアルバイトで得られたことが重要と思うのですか？	
HOW	どのようにアルバイト経験を仕事に活かしますか？	メモを組み合わせて回答をつくろう！ 回答のつくり方は→P.61～

あなたは消防のどの職種に就きたいですか？

質問の狙い！ 消防という仕事に対する理解度やどう取り組もうとしているか意欲を確認しています。

✖ 動機が漠然としている。消防官に対するイメージも不確か。

はい。私は消火の仕事がしたいです。【面接官：それはなぜですか?】**テレビで消火活動などが度々放送されると思います**が、それを見て、とてもかっこいいと思いました。**消防と言えば消火活動だと思います**。私もあんなふうに、活躍できるようになりたいです。

✖ 視野が狭く、「希望業務以外は真剣に取り組まないのでは」という印象。

「どんな仕事でもいいです」

面接で大切な"自分の意見"を述べていない。「どんな仕事でも引き受ける」という姿勢は主体性がないともとらえられる。

消火の仕事を志望する動機が不確かであり、現実的に消防という仕事を見られていない印象がある。テレビに映る様子がすべてではなく、実際にはたくさんの厳しいことに直面することもある。憧れだけではなく、消防の仕事をきちんと理解して、そのうえでなぜその仕事を志望しているかを伝えたい。また、「かっこいい」という表現は消防官の面接では不適切。

フォローアップ

発展質問 「希望しない部署に配属されたらどうしますか？」

狙　い 「どの部署でも真剣に取り組めるか」を確認している。

答え方 「意欲を持って働きます」と結論を伝えた後、その理由・根拠をサークルや部活動での具体的な体験談を交えて伝えよう。

本気度が伝わる回答 ◎

①はい！ 私は市民が安心して暮らすことを目的とする消防業務全般に関心を持っています。その中でも救急活動を行う仕事がやりたいです。【それはなぜですか？】市民が火災に遭ってもすぐに助けられるようになりたいですし、市民のけがの手当をすることで少しでもキズや不安を癒したいからです。私も部活動で大けがをしたときには、救急車で駆けつけてくれたのを見ただけで安心しました。そのように安心感を与えられる消防官になりたいです。可能であれば、②警防課の救急隊員となり、けが人の救急処置ができるようになりたいです。また、火災予防業務にも興味があります。

本気度が伝わるステップアップ

① 興味の幅広さを伝え、意欲を伝えている

前向きなニュアンスで、どの業務でも意欲的に取り組めるという姿勢を伝えている。しかも、その理由が消防官としての仕事の本分と一致しており、「すぐに助けられるように」と動機を述べることで、説得力が増している。

② 具体的な部署名とその部署の仕事について触れている

具体的に自分の志望部署を伝えることで、きちんと自分の意見もあることをアピールできている。ただし、部署名を答えるだけではNGなので気をつけよう。自分がやりたい仕事内容をしっかり強調すること。

5W1Hでつくる自分の回答「就きたい職種編」

		一回答メモー
WHAT	あなたの就きたい職種は何ですか？	
WHO	誰かその職種に就いている人を知っていますか？	
WHEN	いつその職種に就きたいと思いましたか？	
WHERE	どこでそのきっかけに出合いました？	
WHY	なぜその職種に就きたいのですか？	
HOW	その職種に就いてどのように活躍したいですか？	メモを組み合わせて回答をつくろう！ 回答のつくり方は→P.61〜

理想の消防官像を教えてください

質問の狙い！ 強靭な体力と精神力が求められる消防官は、強い信念がなければ務まらない仕事です。そのことを理解しているのか、そして受験生の職業観を知ろうとしています。

断定的・断言的な表現が多く、柔軟性がないという印象がある。

理想の消防官像は、火災を迅速に鎮め、すべての人々を助け、火災を未然に防ぐことができる消防官です。また、**消防官はそうでなければダメだと思います。**【面接官：なぜですか？】消防のエキスパートであり、誰よりもその責任を果たさなければならないからです。**私もすべての住民を救い、すべての火災を防ぐ消防官に絶対になりたいですし、私ならばなれると考えています。**

具体的な達成方法が語られていない。

「こうでなければダメ」「絶対に」「あり得ない」

断定した表現の多用は、融通のきかない一面を強調することになる。火災現場や事故現場ではさまざまな対応を求められるので、柔軟性が高いことも伝えたい。

ワンポイントアドバイス

「消防官はこうあるべき」など、理想や意欲を伝える際は、なぜそう思うのか、そしてそれを達成するためにはどうすればよいのか、ということを自分の言葉で説明する。そうすることで説得力が増すのと同時に、念入りに消防の仕事を調べてきたという意欲も表現できる。

フォローアップ

類似質問　理想の消防官になるためにはどうしたらいいと思いますか？

狙い　職業研究ができているか見たい。

答え方　消防官になってまずどんなことをするのか、そしてそこからどういうステップを経て理想を叶えるのか、ということを順序立てて説明する。

本気度が伝わる回答◎

①はい！　私が思う理想の消防官像とは、責任感を持って仕事に熱中し、住民の安全を考え、仲間のことを思う気持ちの強い消防官です。【面接官：なぜそう思うのですか?】厳しい状況に遭遇しても住民を守るためには逃げ出せないですし、仲間とともに助け合っていくことで、あらゆる困難を乗り越えられると思います。サッカー部の部長を務めていたとき、大会前にはプレッシャーを感じることもありましたが、チームメイトと励まし合い、お互いに鼓舞し合うことができました。また、消防官は事務作業も多いかと思いますが一つひとつきちんと行い、その結果、火災件数が減り、安全安心な地域となり、地域住民の方が笑顔で毎日を過ごせるようにしたいです。②

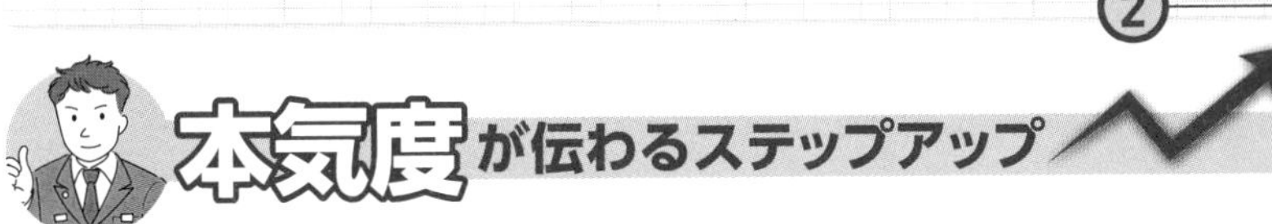

① 消防官として適切なことを述べている

消防官の役割や仕事内容に沿った理想像を自分の言葉で伝えている。消防官のあるべき姿からズレていないだけでなく、自分の考えも盛り込んでいる。

② 消防官が目指すべきことを考えている

抽象的な理想像から一歩すすみ具体的な目標を加えると、消防官の役割・仕事内容を理解していることがより伝わる。数値を持ち出すと印象がよくなることも多いので、事前に調べたデータをさりげなく盛り込んで回答したい。

5W1Hでつくる自分の回答「理想の消防官像編」

		一回答メモー
WHAT	消防官に必要なことは何だと思いますか?	
WHO	それは誰のためになりますか?	
WHEN	仕事の中でいつそれは発揮されますか?	
WHERE	どこでそれが発揮されますか?	
WHY	なぜそれが消防官に必要だと思うのですか?	
HOW	それはどう仕事に活かされますか?	メモを組み合わせて回答をつくろう！ 回答のつくり方は→P.61〜

Q.08 どうやってここまで来ましたか？

質問の狙い！

受験生の緊張をほぐす目的があります。車で来ていないか、親に送ってもらっていないかなど、社会人としてのマナーを身につけているかについても見ています。

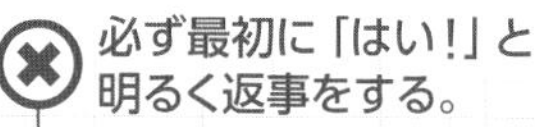

必ず最初に「はい！」と
明るく返事をする。

えーっと、朝家を出て、まず近くのバス停まで10分ほど歩き、早めに着いたので、少し待ち、バスに乗って○○駅まで行き、そこからは電車に乗り、会場の最寄り駅までは1駅なので、すぐ着きましたが、会場が入り組んだところにあったので、到着するのに少し時間がかかりました。

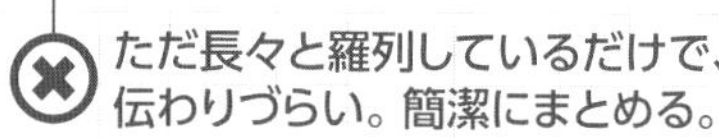

ただ長々と羅列しているだけで、
伝わりづらい。簡潔にまとめる。

「えーっと」「あのー」など

言葉が詰まったとき、つい使いがちなので注意が必要。「そうですね…」という言葉で間を持たせたほうが印象は悪くない。

ワンポイントアドバイス

自宅から会場までの交通手段や所要時間などを簡潔に伝えることを心がける。受験生にリラックスしてもらうための質問でもあるので、気張らず、相手に伝わりやすいようにまとめる。複数の交通手段を使った場合は、わかりやすく主なものを一つに絞って答える。

フォローアップ

発展質問 今朝、何時に起きましたか？

狙い 受験者にリラックスしてもらい、後の質問に答えやすくなってもらう。

答え方 「今日は余裕を持って6時に起きました」というように、面接に備えている、気合いが入っている、というアピールをしてもよい。事前に所要時間や時刻表などを調べていたことを伝えるのも効果的。

本気度が伝わる回答 ◎

①はい！　近所のバス停から駅までバスに乗り、その後電車に乗り換えて○○駅まで来ました。バスも電車も時刻表通りに動いていたので、家から30分ほどで着くことができました。【迷わず来ることができましたか？】はい！時刻表や道順などを事前に調べてあったので、予定していたよりも早く、迷わずに来ることができました。【緊張していますか？】②申し訳ありません、緊張していて、うまくしゃべれていないかもしれません。

本気度が伝わるステップアップ

① 簡潔にまとめている

情報を簡潔にまとめているのでイメージがしやすい。会場の最寄り駅から会場までが遠い場合は、駅から会場までの交通手段を伝えるのもよい。大事なのは相手が理解しやすいようにすること。

② 緊張している旨を伝えてしまってもよい

誰でも面接では緊張してしまうもの。面接慣れしている素振りを見せるほうがマイナスになることもあるので、あまりにも緊張してしまっているときは、そのことを伝えてもよい。それがきっかけで少し緊張が和らぐこともある。面接官が「一度深呼吸してみよう」と声をかけてくれたときは、深く息を吸って気持ちを落ち着かせよう。

5W1Hでつくる自分の回答「交通手段編」

		ー回答メモー
WHAT	交通手段は何ですか？	
WHO	誰かと一緒に来ましたか？	
WHEN	いつ家を出て、いつ会場に着きましたか？	
WHERE	どこでバスや電車に乗りましたか？	
WHY	なぜその交通手段にしたのですか？	
HOW	どのように交通手段を選択しましたか？	メモを組み合わせて回答をつくろう！ 回答のつくり方は→P.61～

退職理由は？　消防官も辞めてしまいませんか？

職務経験がある人に対しては、前職のことについて繰り返し聞かれます。志望意欲は高いのか、消防官の仕事が長続きするのかを見極めようとしています。

退職理由がネガティブな内容。たいていの場合、マイナス評価となる。

辞めた理由は、社風が合わなかったからです。消防官として働けるならば、絶対に辞めません。協調性の高さにも自信があります。大丈夫です。

辞めない根拠がなく、説得力が乏しい。意見は根拠と合わせて述べる。

いやー、実は残業が多く、ブラック企業だったんです。休日もなく働いたのに給料も上がらないので辞めました。消防官も仕事は大変だと思いますが、今度は乗り越えます。また辞めるようなことはありません。

ワンポイントアドバイス

ネガティブな退職理由はマイナス評価になりやすい。人間関係を理由に挙げると、「消防官になっても同じことがあったら辞める人」と判断される可能性が高い。安定した公務員の職に就きたいというだけでは消防官は務まらないことを肝に銘じ、「消防の仕事に就くために今ここにいる」という強い気持ちをアピールしたほうがよい。

フォローアップ

発展質問 前職を辞める際に、上司に何と言われましたか？

狙い 前職で仕事にしっかり打ち込んでいたのかを確認している。

答え方 前向きな事実を、自信を持って回答したい。たとえば、「はい。前職を辞める際、上司からは“お前がいなくなって困るけど、応援しているぞ”という励ましの言葉をいただきました」など。

本気度が伝わる回答◎

はい、大丈夫です。①すぐに辞めるのではないかと思われてしまうのもわかります。しかし、現職（前職）を退職する理由は、何より消防官の道を目指したかったからです。②もちろん現職（前職）の仕事にも魅力がありますが、その仕事をしたからこそ、視野が広がり、消防官という道が自分の中にできました。
消防官となって困難はあると思いますが、乗り越えて住民が安心・安全に過ごせる街づくりに役立ちたいです。

① すぐに否定せず、一度受け止めている

「たしかに○○だと思います。しかし……」という言い回しは、集団討論でも使える。「消防の道を目指したいから」という退職理由も前向きでよい。

② 社会人経験があることを強みにしている

即戦力になるとは言えないまでも、それなりに期待を持ってもらえる可能性が高い。仕事を通じて学んだことや身につけたことを具体的にアピールできるとより効果が高い。「なぜ最初から消防官を目指さなかったのか？」と質問されそうなところも、自分できちんと説明している。消防官になるかどうか迷っていた理由がわかり、面接官が納得できる。

5W1Hでつくる自分の回答「退職理由編」

		ー回答メモー
WHAT	現職（前職）を辞めた理由は何ですか？	
WHO	辞職をまわりに伝えたとき、誰に何と言われましたか？	
WHEN	いつ消防官の仕事をしたいと思うようになりましたか？	
WHERE	どこでそのきっかけを得ましたか？	
WHY	なぜ消防官の仕事は辞めないと言えるのですか？	
HOW	どのように現職（前職）の経験を消防官に活かしますか？	メモを組み合わせて回答をつくろう！ 回答のつくり方は→P.61～

消防学校はとてもきついですが、意気込みを教えてください

質問の狙い！ 消防学校がどういうところかを現実的にとらえているかを判断するのと同時に、受験生のやる気や職業観も見ています。

ダメな回答例

私なら問題ないと思います。**ずっとバスケットボールをやっていたので体力には自信がありますし、部長も務めていたので責任感や必要とされるであろうリーダーシップも持ち合わせています。**訓練は厳しくても**持ち前の運動能力で乗り切ります。**今でも筋トレを欠かしていないので、足を引っ張ることはないかと思います。

✖ 消防学校という場を的確にとらえられていないことを露呈している。

✖ 訓練は自らを鍛えるためのもの。学ぼうとする姿勢が見られない。

ワンポイントアドバイス

消防学校がきついことに対してどう思っているか、それをどう克服するか、ということを伝える。「私ならできる」という場合は、その根拠を説明すること。受験生は消防学校を経験したことがないので、安易に「できる」とは言わないほうがよい。「消防学校では学ぶことがたくさんあり大変だと承知していますが、それでも消防官になるために知識や体力をさらにつけたいので、きつくてもがんばりたいです」などと意気込みを語るほうがよい。

フォローアップ

発展質問 人から感謝されてやりがいを感じるということは滅多にありませんが、それでも大丈夫ですか？

狙　い 仕事に対する覚悟を見ている。

答え方 面接は自己PRの場。「そうだとしても、私はやはり人々を、地域を災害から守る消防の仕事にやりがいを感じます」というように、常に前向きな姿勢で、自信を持って仕事に対する意欲を見せよう。

①

はい！　まだまだ知識も経験もない私ですので、消防学校に入り、たくさんのことを学べるのは楽しみでもあります。もちろん実務教育や訓練など学ぶことはたくさんあり、きついと思うこともあるかもしれません。しかし、部活で厳しい練習をやりながらクラスでは美化委員長を務め、テストでどの教科でも常に平均点以上は取り続けるなど、大変でも努力する性格ではありますので、消防学校の厳しさに負けず、一人の立派な消防官になるべく努力していきたいです。

②

本気度が伝わるステップアップ

① 大変でも消防学校でがんばりたいという意志が見られる

消防学校は決して甘くないことをきちんと認識したうえで、そこでがんばっていきたいという姿勢が見られる。単なる強がりではなく、「消防官になるために」という理由付けがされているので説得力がある。過信してもいないので、好感が持てる。

② 具体的なエピソードを盛り込んでいる

自分の言葉を裏打ちするエピソードを添えているので、話に説得力がある。消防官の仕事や消防学校についての考えともうまく結びついている。

5W1Hでつくる自分の回答「意気込み編」

		ー回答メモー
WHAT	あなたの意気込みを聞かせてください。	
WHO	誰かきっかけになった人はいますか？	
WHEN	いつからそう思うようになりましたか？	
WHERE	そう思うきっかけになった場所はありますか？	
WHY	なぜ向いていると思うのですか？	
HOW	きつくてもどのようにがんばっていきたいですか？	メモを組み合わせて回答をつくろう！ 回答のつくり方は→P.61～

消防の24時間体制で特に何が大切だと思いますか？

質問の狙い！ 仕事のとらえ方や考え方について聞き出すのと同時に、人間関係能力についても知りたがっています。

特に大切なのは、常に気を張って備えることだと思います。【面接官：なぜそう思うのですか?】**出勤しているときも、交代のときも、常に現場にいるときのような緊張感を個人で持つことが大事**だと思います。そうすれば、たとえばほかの人が疲れ果てていて、出動がままならないときでも、誰かが、**個人の判断で出動できるからです**。

✖ 切り替えがきちんとできることも、消防官に求められている。

✖ 個人の判断で対応するというのはNG。消防ではチームワークが大事。

「ほかの人がそう言っていたので」

主体性が感じられず、人任せの無責任な人という印象を持たれやすい。マイナス評価になる。

ワンポイントアドバイス

消防官は適度にリフレッシュしないと身体がもたない仕事でもある。凝り固まった考えを主張すると、「ストレスで辞めてしまいそう」という印象を持たれかねない。消防ではチームワークが何よりも大事なので、融通がきかない一面はマイナス評価になることが多い。

フォローアップ

発展質問 消防官になると学生のときよりも格段に自由に使える時間が少なくなりますが、どのようにしてリフレッシュしようと考えていますか？

狙い ストレス解消法やきちんとリフレッシュできるのかを知りたい。

答え方 普段リフレッシュのためにしていることを伝えるといい。ただ、まわりに迷惑がかかるストレス解消法はNG。スポーツや運動がリフレッシュにつながるなら、それをアピールしたい。

本気度が伝わる回答◎

はい！　24時間体制で必要なのは、何よりもチームワークだと考えています。【面接官：なぜそう思うのですか?】はい、**24時間体制は一人の人間だけでは決してできないこと**（①）なので、たくさんの人たちの力が集まらないと成り立ちません。また、**消防官は休日どこにいるかということも報告しておかなくてはならないですが**（②）、そういう密な報告も、24時間体制では必要なことであり、信頼関係がないとできないことだと考えているからです。

① 消防官の仕事に適したことを述べている

チームワークは消防の仕事ではとても重要な位置を占めている。また、それがどう大事なのか自分で考えを練って述べているので、発言に説得力がある。自分以外の人の立場からも、物事を見ることができている。

② 消防官のことをよく調べている

休日どこにいるかも報告しておかなくてはならないこと（自治体により規則は異なるので、場合により報告しなくてもよい自治体もある）がわかっている。そのため、面接官にとってもリアリティのある発言として受け取れる。また、きちんと消防官の仕事について調べてきていると評価してもらえる。

5W1Hでつくる自分の回答「24時間体制編」

		ー回答メモー
WHAT	24時間体制で何が大切だと思いますか？	
WHO	誰が24時間体制において必要ですか？	
WHEN	いつそう思いましたか？　きっかけは？	
WHERE	どこで向いていると感じましたか？	
WHY	なぜそれが24時間体制で必要だと思うのですか？	
HOW	どのようにそれが24時間体制に役立ちますか？	メモを組み合わせて回答をつくろう！ 回答のつくり方は→P.61〜

消防学校は全寮制ですが、大丈夫ですか？

質問の狙い！
集団生活や集団行動は、消防活動を行ううえで不可欠なもの。職務を全うするために必要な人間関係能力について知りたがっています。

✖ 時間的に離れすぎているエピソードはインパクトが弱い。

はい、大丈夫です。【面接官：根拠は？】**小学生の頃に地元の少年サッカーチームやボーイスカウトに入っていた**ので、集団生活の基礎はできていると思います。大学に入ってからも、**コンビニでアルバイトをする中でまわりの人と協力し合ってきた実績があります。**

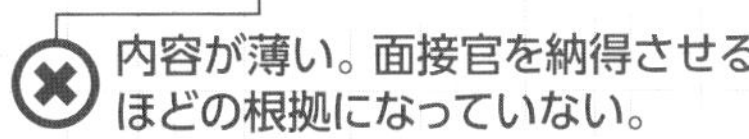

内容が薄い。面接官を納得させるほどの根拠になっていない。

「何とかします」
雰囲気だけで答えてしまうと、無責任な印象になる。何を言っているのかわからないことはマイナス評価にしかならないので、あやふやな表現は避けたい。

ワンポイントアドバイス

具体的なエピソードを話すことは自分の発言に説得力を持たせるために必須ではあるが、現実離れしていたり内容に無理があったりすると、「つくり話だろう」という印象を持たれてしまう。話に筋が通った自分のエピソードをわかりやすく語れるようにするために、事前にしっかりと自己分析をしておこう。

フォローアップ

発展質問　消防学校でつらくなったときに頼れる友人はいますか？

狙　い　人間関係の築き方の確認をするのと同時に、受験生の精神面を心配している。

答え方　自信を持って「います」と答え、具体的に場面が浮かんでくるように、いい友情を築いてきたエピソードを一つ話す。友人の数自慢は避けるほうが無難。

本気度が伝わる回答 ◎

はい！　大丈夫です。【面接官：その根拠は?】①中学、高校時代に野球部に所属していたので団体生活には慣れています。②大学でもゼミ合宿を携帯電話もつながらない山奥で行いました。それは過去に例がない挑戦でしたが、その分やるべき勉強がすすみました。消防学校や寮でも協力し合えるよう努力したいです。

本気度が伝わるステップアップ

① 体験談が過去から現在までつながっている

体験談が小学校時代から大学時代までつながっていて、小さい頃から今まで積み上げてきたものがあると伝わり、説得力が高まっている。

② 制限のある環境下で前向きに取り組んだ姿勢が伝わる

団体生活や寮生活は、何かと制限があるもの。携帯電話が使えない、テレビが見られない、消灯時間が早い、起床が早いなど、普段の生活と異なる環境での体験があれば、それに前向きに取り組んだ体験談として具体的に話したい。10名以上での合宿など、集団生活体験を話すのもよい。

5W1Hでつくる自分の回答「消防学校編」

		ー回答メモー
WHAT	団体で何か行ってきたことはありますか?	
WHO	誰とそれを行いましたか?	
WHEN	いつそれを行いましたか?	
WHERE	それはどこで行われましたか?	
WHY	なぜそれを行ったのですか?	
HOW	どうそれを寮生活に活かしますか?	メモを組み合わせて回答をつくろう！ 回答のつくり方は→P.61～

Q.13 階級が上の年下とうまく接することができますか？

大学生や社会人経験者が聞かれることの多い質問。上下関係のとらえ方や人間関係の得手不得手を判断しようとしています。

自主性が感じられないので、責任感がない印象を与える。

自分より年下でも、階級が上ならば仕事では従います。ただ、階級が上といっても、もちろん私よりも人生経験が少ないので、私が教えなければならないことも多々あると思います。そこは人生の先輩として、責任感を持って接していきたいです。

年下に対して抑圧的な姿勢をとっていることをうかがわせる。

「上司の指示は絶対なので、自分の意見は飲み込みます」

自分の意見がない受け身の姿勢がマイナス評価になる。想定外の事態が発生した場合は自ら考えて行動しなければならないことを忘れずに発言したい。

ワンポイントアドバイス

まず、階級が上ならば、年齢は関係なく、あくまで上司部下の関係であることを認識する。「年齢にこだわって仕事と人間関係に影響が出てしまわないか」という面接官の不安を払拭するためにも、体験談を交えてそういった考え方は持っていないことを主張しよう。

フォローアップ

類似質問 上司と意見が合わなかったらどうしますか？

狙い 良好な人間関係が築けるか、学ぼうとする姿勢があるか、素直で謙虚な人物かを確認している。

答え方 素直さは面接において重要なファクター。命令系統が明確でなければ円滑な消防活動が行えないこともあるので、まず指示に従い、行動する重要性を十分に理解して回答したい。まず指示に従うべきだと思う理由も、過去に経験したエピソードを交えて話せるとよい。

①はい！　大丈夫です。たとえ年齢が私より下でも、上司として、先輩として接していきます。【面接官：年下から指示や厳しいことを言われることもあると思いますが、大丈夫ですか？】はい！　大丈夫です。消防の仕事で年齢は重要ではないと考えています。人々の安全を守る仕事ですから、年齢にこだわって失敗するなどできません。【今まで年下の先輩はいましたか？】はい！　いました。②地区のボランティアに初めて参加したとき、いつも参加している一人の高校生と行動をともにしました。そのときも学ぶことは学び、ヘンに気を遣ってもらわないように、元気よくあいさつや返事をしました。そのおかげか、最後までよい関係のまま活動できました。

① 仕事は年齢でするものではないということを伝えている

あくまで仕事優先という考え方ができているので、たとえ年下の上司の下についても抵抗がないことが伝わる。また、「そこにこだわって失敗することなどできません」と、仕事に対する責任感も感じ取れる。

② 類似の体験を語ることで説得力を増している

回答内容に合致したボランティア活動での体験談が説得力を強めている。同時に、受験生の人当たりのよさも伝えることができている。

5W1Hでつくる自分の回答「年下の上司編」

		ー回答メモー
WHAT	年下の先輩（上司）という体験は何かありますか？	
WHO	その年下の先輩はどんな人でしたか？	
WHEN	それはいつですか？	
WHERE	どこでそれを体験しましたか？	
WHY	なぜその人とよい関係を築けたのですか？	
HOW	どのようにその人とよい関係を築きましたか？	メモを組み合わせて回答をつくろう！ 回答のつくり方は→P.61〜

Q.14 体力に自信はありますか？

質問の狙い！ 消防士は、高いレベルの体力が求められる職業です。採用後、体調を崩して仕事に支障が出ないか、体力不足から辞職しないかを確認しています。

✖ 体力をアピールできても、ほかのマイナス面が露呈したら意味がない。

はい！　体力だけは自信があります。小学生の頃からサッカーをやっていて、強豪校の○○高校にスポーツ推薦で入学しました。**高校でもレギュラーになれたのですが、監督や先輩が理不尽なことばかりを言うので辞めました。**しかし、**今も月に何度かはフットサルの試合に呼ばれて出ていますし、トレーニングも週に何回かは行っている**ので、まわりの人よりもずっと体力があります。

✖ 具体的な数を出して答えたい。

消極的な回答はマイナス評価になりやすいが、体力を過大にアピールし過ぎるのも考えもの。過去に「誰にも負けない自信があります」と答えたところ、その場で面接官が体力検査の結果を見て「へえ、この程度でそんなに自信があるのか」と言われた受験生もいた。よく思われるために見栄を張って大袈裟なことを言ってもバレてしまうので、面接官がイメージしやすいよう具体的な数値などを用いて、身の丈に合ったアピールを心がけたい。

フォローアップ

類似質問 体力試験はどうでしたか？

狙い 受験生の緊張をほぐすための質問。体力に自信があるかも聞きたい。

答え方 自分を大きく見せ過ぎず、「もう少し記録を伸ばしたかった」などの向上心を見せるようにする。

①はい！　体力には自信があります。【面接官：これまでに何か運動をやっていましたか？】②小学校から大学までの○年間、サッカー部に所属して毎日厳しい練習を続けてきました。③消防官の一次試験の勉強をしているときも現在も、消防官となったときのために毎日走っているので体力に問題はありません。

本気度が伝わるステップアップ

① 迷わず断言している

「自信がある」と断言している点がいい。消防官にとって体力は必要不可欠。だからこそ、誰であっても「体力には自信があります」と胸を張って答えたい。

② 過去の体験で体力があることを証明している

運動部時代の経験談が入っているので、体力があることが明確に伝わる。部活動を引退してからしばらく経っている場合は、体力を維持するために今どのような工夫をしているのかを説明しよう。

③ 現在の体験談で努力を伝えている

消防官になるためにやらなければいけないことに自主的に取り組んでいる姿勢が見て取れる。「体を動かすことに抵抗がないのは消防官を目指す者として当たり前」というくらいの気構えで臨みたい。

5W1Hでつくる自分の回答「体力編」

		一回答メモー
WHAT	何か運動をやっていましたか？	
WHO	誰かと競っていましたか？	
WHEN	それはいつですか？	
WHERE	どこでやっていましたか？	
WHY	なぜ自信があるのですか？	
HOW	どのように体力をつけていますか？	メモを組み合わせて回答をつくろう！ 回答のつくり方は→P.61～

Column 5

面接官のホンネ ②

併願状況は偽らず、本当のことを話してほしい

「どうしても消防官になりたい」という受験生は、近隣の市町村や東京消防庁などと併願している人が多い。それはしょうがないことだけど、採用する側からすると併願状況は本当のことを言ってほしいですね。採用しようと思っても、ほかに行かれたり、採用して育成したのに、資格を取ったら別の所を再受験したりされると、こちらとしてもつらいので。志望順位も正直に話してほしいですね。

プレッシャーをかけて頼りになる人物かを見る

面接では、消防官としてしっかり職務をこなせる人物かどうかを見定めようとしています。危険な職務も多く、頼りになる人物でないと一緒に働くこちらも心配なので。どんな状況も乗り越えていけるタフな精神と身体の持ち主、想定外のことが起こった場合にも自ら考えて行動できる人物を求めています。だから、面接でも強いプレッシャーをかけて、それに対する反応を見ることもありますね。

併願状況については、面接官もかなり気にしており、横のつながりで情報も伝わるようなので、正直に話すほうがいいだろう。ただ、志望順位については、「第5志望です」と言われたときに、納得して合格させるだろうか？　やはりどこの面接を受けるときでも、第一志望として真摯に受験するべき。「なぜこの地域なのか」という志望理由をしっかり準備しておこう。

Chapter 5

自分の言葉でつくるベスト回答
―志望動機編―

面接試験では、どのような質問が投げかけられて、その質問に対してどのように答えればよいのでしょうか？　Chapter 5では、なぜ消防の仕事を志望しているのか、その動機を探る質問について、どのような回答の仕方があるのか見ていきましょう。

志望動機のつくり方

■「志望動機」は必ず聞かれる重要な質問
■ 3つのステップで本気度の伝わる志望動機をつくろう

なぜ自分は消防官になりたいのか？

志望動機は、消防の仕事にどれだけ熱意を持っているのか、仕事の中身についてきちんと理解して志望しているのかを知るために、必ずと言っていいほど聞かれる。自分がなぜ消防官になりたいのか、その理由を自分自身に徹底的に問いかけ、自己分析し、志望理由を特定しよう。次に、消防官の実際の仕事の内容を洗い出し、リストアップしていく。それができたら、その仕事や担当部署の中から、自分が消防官になれたら特にやりたい仕事をピックアップしよう。やりたい仕事はできれば複数選んで、その優先順位もつける。最後に、その仕事に就きたい理由を文章にして、話せるようにしておこう。

志望動機をつくるためのステップ

STEP 1 消防官を志望する理由を特定する

STEP 2 仕事内容を把握し、やりたい仕事をリスト化する

STEP 3 リストを基に志望動機を文章にする

説得力のある志望動機に

STEP 1 消防官を志望する理由を特定する

消防官になりたい理由を自己分析して特定しよう。考えるきっかけとして、5W1H(なりたい理由は何か、いつなりたいと思ったか、どこでなりたいか、誰の影響でなりたいと思ったか、なぜ消防官なのか、どのような消防官になりたいか)を書き出してみよう。

志望理由を特定する自己質問

→**そもそも消防に興味を持ったきっかけ・体験は?**

具体例「親戚が消防官をしていて、憧れを持った」

→**消防官になることを決めたのはいつ? どのようなきっかけ?**

具体例「小学生のとき家が火事になり、消防官に消火してもらって憧れるようになった」

STEP 2 仕事内容を把握し、やりたい仕事をリスト化する

消防の幅広い仕事内容を把握できたら、その中から自分がやりたい仕事を選び、その理由とともにリスト化していく。複数選んで優先順位をつけよう。

希望の仕事リストアップシート例

❶ **消防署の組織図などを見ながら興味がある部署とその仕事をリストにする**

❷ **その仕事に就きたい理由、興味がある理由を書き出す**

担当したい仕事	担当したい理由	興味の順番
消防	現場で身体を張って人の役に立ちたい	1
予防	火災予防でつらい思いをする人を減らしたい	3
救急	一人でも多くの人の命を救いたい	2

STEP 3 リストを基に志望動機を文章にする

希望の仕事リストを基に志望動機を文章にして、口頭で答えられるようにしておく。まず、面接官の質問を想定し、その結論として入りたい部署などを書く。次に自分の体験などを根拠にその理由を書く。最後に、自分がその部署でやりたい業務を具体的に説明する。

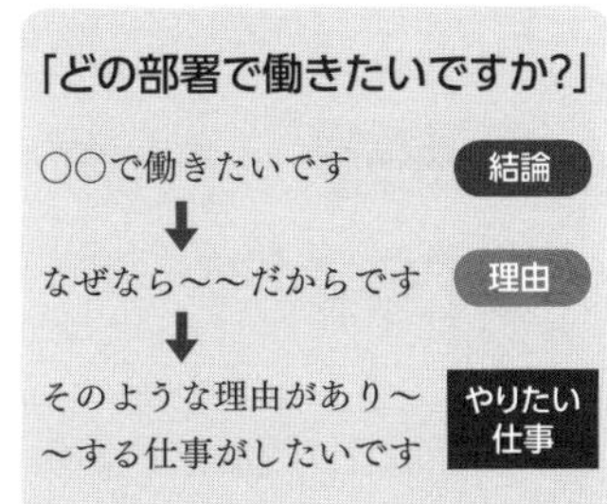

「どの部署で働きたいですか?」
○○で働きたいです
結論
なぜなら～～だからです
理由
そのような理由があり～～する仕事がしたいです
やりたい仕事

Q.15 消防官をなぜ志望するのですか？

質問の狙い！ 本当に消防官に興味があるのか、本当に消防官になりたいと思っているのかなど、志望意欲の高さ、志望理由のたしかさを見極めようとしています。

✖ 消防官の役割からズレているので、志望動機としては弱い。

私は人と接することが好きです。また、中学時代から消防官に憧れていました。また、高校では個人的に消防の仕事について調べていました。また、私は柔道を長年続けています。また、私は責任感が強いです。地域の住民を火災から守り、予防活動に取り組み、人々が安心・安全に暮らせる明るい社会を実現したいです。

✖ 「また」を多用しすぎている。一番伝えたいことがぼやけてしまっている。

ワンポイントアドバイス

志望動機を述べるときは、きちんと消防の仕事に沿った動機を述べること。そうでなければ、面接官に「別の職業のほうが向いているのでは？」といった疑問を抱かせる。また、数で勝負せず、一番伝えたいことが回答の中心になるように、接続詞の使い方にメリハリをつける。志望動機を聞かれたら「はい、私が消防官を志望するのは○○○だからです」と、理由を最初に伝える。話すタイミングが遅いと、オマケ程度に聞こえてしまう。

フォローアップ

発展質問 「消防官に興味を持ったきっかけは何ですか？」

狙い さらに具体的な思いや本気度を確かめようとしている。

答え方 「以前、友人の家が火災に遭ったときに、駆けつけた消防官の仕事のすばらしさに心を打たれました」など、具体的な体験を基に答えるとよい。ただ、きっかけと動機は別ものなので、事前に志望理由ときちんと分けて整理しておくこと。

本気度が伝わる回答 ◎

はい！ 私が消防官になりたい理由は、人の役に立ちたいからです。【面接官：なぜそう思うようになったのですか?】中学時代から消防官に興味を持っていたこともあり、高校では消防官に関するレポートを書きました。消防官に関するさまざまな本や資料、ドキュメンタリー映像を見る中で、ときには目を覆いたくなるような現実も突きつけられました。しかし、だからこそ、消防官になって災害から人々を守りたいと強く思うようになりました。6年間続けてきたラグビーで培った体力を活かし、誰もが安心して暮らせる地域づくりに向けて努力したく、志望します。

①　②　③

本気度が伝わるステップアップ

① 役割・仕事に沿った志望動機が冒頭で述べられている

消防官になって何をやりたいかを最初に述べていて、質問にしっかり答えている。志望動機が消防官の仕事や役割と合致しているところもよい。

② 今までの自分の経験がきっかけに結び付いている

消防官について調べてきた経験が、単なる憧れではないことを裏付けている。

③ 消防官の仕事にふさわしい強みや経験をアピールできている

目を覆いたくなるような現実にも立ち向かう使命感や消防官に求められる要素、採用することでどんなメリットがあるのかをアピールできている。

5W1Hでつくる自分の回答「志望理由編」

		ー回答メモー
WHAT	志望動機は何ですか？	
WHO	誰かきっかけになった人はいますか？	
WHEN	いつそう思うようになりましたか？	
WHERE	どこでそう思うようになりましたか？	
WHY	なぜ数ある職の中で消防官なのですか？	
HOW	どのように自分の強みを消防官の仕事に活かしますか？	メモを組み合わせて回答をつくろう！ 回答のつくり方は→P.61～

Q.16 なぜ当市なのですか？（なぜ○○消防なのですか？）

質問の狙い！
なぜその地域を選んだのか、採用したら本当に当該自治体に来てくれるのかを知りたがっています。同時に、併願状況も必ず確認します。

自分の都合だけでは、その地域を選んだ理由としては弱い。

理由は、地元から離れて仕事をしてみたかったからです。【面接官：なぜですか？】今までずっと地元で生活をしてきて、いろいろな土地のことを知りたいとも思いましたし、まったく知らない環境に身を置くことで、さらに成長できるような気がするからです。【なぜ当市を選んだのですか？】はい、比較的地元からも近く、何度か足を運んでいるので、少し慣れているというのもあるからです。

前に言ったことに反する。このような矛盾は不信感を抱かせる。

地元の場合は「生まれ育った土地を守りたい」でも説得力がある。しかし、受験先が地元ではない場合は、その地域のことを調べ、理由を述べないと説得力に欠けてしまう。受験先の自治体の特徴や消防に関するデータをしっかり調べ、最低限地元との違いを把握しておきたい。また、自分目線の志望理由はその地域を選んだ有効な理由になりにくい。消防官は他者のために働く公務員であることを忘れてはいけない。

フォローアップ

発展質問　○○市をPRするならどんなところ？

狙い　受験先の地域について知識があるか、調べているかを見ている。

答え方　事前にその地域について調べておくことは必須。自治体のホームページなどをチェックして、何が盛んで、何に力を入れているのか知識を入れておく。答え方は、PRするポイントを挙げ、その理由を具体的に述べればよい。

本気度が伝わる回答 ◎

①はい！ ○○市を選んだ一番の理由は、自然文化財に代表される美しい自然に恵まれたこの土地と人々を災害から守りたいからです。小学生の頃に課外授業を通して森林の生態系に興味を持ち、以来、自然保護活動に参加してきました。また、○○市の自然を観察したり満喫するために△△公園や□□の森に通い続けていますが、②災害から地域や自然を守りたいと強く思うようになりましたし、消防の仕事を通して、21世紀にこの地域に暮らす子どもたちのために、美しい自然を受け継いでいきたいです。

① その自治体で働きたい理由がわかりやすい

具体的にその自治体で働きたい理由を述べており、回答内容に矛盾もないので、説得力がある。これまでの経験や取り組みと将来の展望も志望理由とつながっており、その自治体で働きたいという意欲が表れている。

② 社会の役に立ちたいという意志が伝わってくる

志望理由を一つに絞っているのでインパクトがある。ほかの自治体と明らかに違う地域性や公務員としての責務がその地域で働きたい理由につながっている点も、評価してもらえる可能性が高い。ありきたりな志望理由ではないので、明確にその土地で働きたい意志が伝わってくる。

5W1Hでつくる自分の回答 「働きたい地域編」

		一回答メモー
WHAT	何がその地域の魅力ですか？	
WHO	誰かその地域に知人はいますか？	
WHEN	いつそこで働きたいと思いましたか？	
WHERE	その地域の有名な場所はどこですか？	
WHY	なぜその地域でなければいけないのですか？	
HOW	どのようにそこで活躍したいですか？	メモを組み合わせて回答をつくろう！ 回答のつくり方は→P.61〜

Q.17 警察官を併願していますが、両方受かったらどうしますか？

質問の狙い！ 本当に消防官になる気があるか、警察官と消防官の違いをわかっているかを見ようとしています。また、消防の仕事に対する意欲を知りたいと思っています。

消防官になります。【面接官：それはなぜですか？】警察官も消防官も基本的に市民を守るという共通点があり、どちらの仕事も魅力的です。ただ、警察官はいろいろな人たちとコミュニケーションする必要がありますが、黙々と任務をこなす消防官のほうが私の性格には合っていると思います。ですので、両方受かった際には消防官の道にすすみたいです。

✖ どちらの仕事も両方の要素がある。正しく仕事を把握できていない。

✖ 性分によって選ぶのではなく、具体的な意欲を見せるべき。

「警察は試験慣れするために受けました」など

わざわざ言う必要はない。今受けている面接も、お試しだと思われる可能性がある。

併願者は、消防官の仕事をしっかり認識したうえで、自分はどのようにこの仕事に向き合おうとしているのか、警察官の仕事との違いを踏まえてなぜそこが第一志望なのか、確信を持って説明できるようにしておこう。採用側は、採用を決めても警察を選択するかもしれないことを気にしているので、この質問はしつこく聞かれると覚悟しておくこと。

フォローアップ

類似質問 他市消防の試験も受けているようですが、両方受かったらどうしますか？

狙い 両方合格したら、どちらに進むのか確認したい。

答え方 今受けているほうに進む旨を伝え、その理由を地域性を踏まえて述べる。たとえば、「子どもやお年寄り、公共施設が多いこの街でがんばりたいです」など。将来その自治体で何をしたいのかを考えておこう。

本気度が伝わる回答◎

① はい!　○○市消防で働きたいです。【面接官：それはなぜですか?】地域を守る、人々を守る、という理由で警察官の道も考えましたが、やはり私は災害や事故から地域や人々を守る消防の道にすすみたいと思います。特に、私は火災などを未然に防ぐ予防の仕事に関心があります。【なぜその仕事に関心があるのですか?】原因を追及し、災害や事故を限りなくゼロにすることで、みんなが安心して暮らせる日々を生み出せるからです。②

本気度が伝わるステップアップ

① 迷いなく消防の道を志望していることを伝えている

どちらの道に進みたいかを、最初に迷いなく明確にしているので、消防に行きたいというやる気がうかがえる。また、一度は警察の道に進むことも考えていたことも伝えたうえで、なぜそこから消防の道を選んだのかを説明しているので、説得力がある。

② 具体的な仕事内容を伝えている

「予防の仕事」という具体例を出すことで、消防官の仕事内容を調べてきたことがうかがえる。その仕事をやりたい、向き合いたいという気持ちに説得力が増す。

5W1Hでつくる自分の回答「警察官併願編」

		一回答メモー
WHAT	消防でやりたいことは何ですか?	
WHO	誰かきっかけになった人はいますか?	
WHEN	いつ警察ではなく消防の道にすすもうと思いましたか?	
WHERE	どこかきっかけになった場所はありますか?	
WHY	なぜ消防でなければいけないのですか?	
HOW	どのように消防の仕事をしていきたいですか?	メモを組み合わせて回答をつくろう! 回答のつくり方は→P.61～

民間の企業でなくてもよいのですか？

質問の狙い！ 公務員と民間の違いについて理解しているかを知ろうとしています。また、消防の仕事に対する理解度や、意欲も見ようとしています。

⊗ 民間と公務員の違いを理解していない。

民間の企業でなくても大丈夫です。【面接官：それはなぜですか?】民間の仕事も、公務員の仕事も、どちらも仕事には変わらず、**そういった意味では消防署も1つの企業のようなもの**だと思うので、民間である必要はありません。また、**公務員は収入が安定している**というのもあり、そうすると精神的にも余裕が出てくると思います。

⊗ 収入で公務員を選択している印象。公務員の自覚が足りない。

「収入が安定している」など

公務員は一般的に収入が安定していると言われるが、それを面接で発言するのはNG。収入は大事だが、「そればかりが目的では」というマイナス印象になる。

ワンポイントアドバイス

消防官は、住民生活の安全に関わる仕事を公の立場から行うだけに、社会全体に奉仕するという自覚が求められる。受験者は、民間と公務員の仕事の差異をしっかり把握しておく必要があり、こういった質問に対しても、その違いをきちんと話せるように用意しておこう。そのうえで、なぜ消防官でなければならないのか、その理由も考えておく。

フォローアップ

発展質問 消防官として必要なことを3つ挙げてください。

狙　い 消防の仕事を的確にとらえられているか見ている。

答え方 消防という仕事について詳しく調べたうえで、消防官に必要な性格的要素や体力要素を、必要な理由も添えて言えるようにする。

本気度が伝わる回答 ◎

はい！　大丈夫です。【面接官：なぜですか?】①私はあくまで消防官になりたいので、民間の企業を受験する予定はありません。【なぜ民間ではなく公務員なのですか?】人々の暮らしを豊かにし、そして利益を追求するのが民間企業の仕事だとしたら、②公務員の仕事は住民の暮らしや安全に奉仕することだと考えます。私は、地域に住む人々を災害から守りたいです。そして、それができるのは公務員である消防官だけです。だから、私は消防官になりたいです。

本気度が伝わるステップアップ

① 最初に消防官になりたいという意思表示がある

民間企業を受験する予定はなく、その理由は消防官になりたいから、ということを最初に伝えることで、消防官に対する熱い意欲が感じられる。

② 公務員の役割を把握している

民間企業に求められるのは、業務だけではなく、利益の追求。それに対して、公務員は利益を追求することはなく、求められるのはあくまで人々への奉仕である。民間にできない分野を担うのが公務員である。公務員を目指す者としてそれをきちんと理解できているか、ということは重要。その違いを把握し、そのうえで消防官になりたい理由も述べているので、説得力がある。

5W1Hでつくる自分の回答「民間企業編」

		一回答メモー
WHAT	民間ではなく公務員を志望する理由は何ですか？	
WHO	きっかけになった人は誰ですか？	
WHEN	いつ消防官の道を選びましたか？	
WHERE	きっかけになった場所はありますか？	
WHY	なぜ民間ではないのですか？	
HOW	公務員としてどのように仕事をしたいですか？	メモを組み合わせて回答をつくろう！　回答のつくり方は→P.61～

Q.19 10年後、どんな消防官になっていると思いますか？

質問の狙い！ 消防官として、視野の広さやイメージしている将来像、仕事像にズレがないかどうかが問われています。内容を一貫させて答えましょう。

✖ 考えることをあきらめている。

はい……。えー……、すみません、まだ考えていませんでした。

✖ 表現があいまいすぎ。また、理由も述べられていない。

はい、10年後は消防士長として、輝いていたいです。どんな火事や事故でも、そこから人々を救い出せるような消防官になっていたいです。

想定外の質問を投げかけられることはよくあるが、面接官が聞きたいことは、突き詰めれば受験生の志望理由と自己PRだ。志望理由を一言で言えば、「将来そこで何をやりたいか」ということ。自己PRは「今まで何をしてきたか」になる。10年後の自分に関する質問は志望理由を聞いていることになるので、「今まで何をしてきて、将来そこで何をやりたいか」をしっかり押さえていれば、答えられるはずだ。また、「輝いていたい」などのあいまいな表現は避け、具体的な説明を加えること。

フォローアップ

類似質問 将来のために努力していることは何かありますか？

狙　い 言動が一致しているか、主体的に動ける人物かを確認している。

答え方 「自分は将来予防課で働きたいので、休日は町の地理に強くなるように自転車で走って道を覚えたり、消火設備などを確認したりしています」など、仕事内容を踏まえて努力していることを伝えたい。

本気度が伝わる回答◎

はい！　私は火災原因調査員として活躍していたいです。【面接官：それはなぜですか?】①火災は何通りもの原因によって発生しますが、その原因を突き止めたいからです。【その理由は?】火災の原因を突き止めることは、火災を未然に防ぐことにもつながるからです。ただ、そのためには火災に関する膨大な知識や現場での経験が必要となりますので、先輩の指導を受けながら日々努力していきたいです。また、②部下には自分の培った知識や経験を伝え、その成長を支えられたらとも考えています。

本気度が伝わるステップアップ

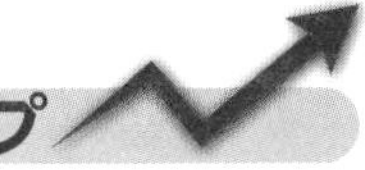

① 仕事研究がしっかりと行われている

その仕事がどういったものか説明できており、なぜその仕事がしたいかの理由にも触れている。説得力があり、話のつじつまも合っているのでわかりやすい。最初と最後で言っている内容が違うこともありがちな失敗。自分の発言に矛盾がないように、自己分析や職業研究をしっかり行うことが大切。

② 将来のことが見えている

10年という年月が自分を成長させ、次世代のことも考える立場にあるということが想像できている。将来にわたって奉仕していきたいという気持ちもうかがえる。

5W1Hでつくる自分の回答「将来像編」

		ー回答メモー
WHAT	10年後消防で何をやっていたいですか？	
WHO	きっかけになった人はいますか？	
WHEN	いつそう思うようになりましたか？	
WHERE	きっかけになった場所はありますか？	
WHY	なぜそれをやっていたいのですか？	
HOW	どのようにその仕事を担当できるようにしますか？	メモを組み合わせて回答をつくろう！

回答のつくり方は→P.61〜

Q.20 消防官になることを両親は何と言っていますか？

質問の狙い！ 面接官は、親と良好な関係を築いている受験生のほうが安心します。こんな質問はよく投げかけられるので、事前に親と話をしておきましょう。

質問の答えになっていない。聞かれたことにきちんと答える。

はい、就職活動について相談しています。どの仕事がいいかを相談する中で、消防官になることもすすめられました。また、消防官の仕事だけでなく、ほかの民間企業の仕事の相談もしています。消防官の仕事については、消防官の仕事の何が大変なのか、実際はどのような仕事なのかということを教わっています。

「親がすすめたから」では、主体性のなさを露呈してしまう。

ワンポイントアドバイス

聞かれた質問に対して答えるのは基本中の基本。的外れな回答をしないように注意。ここでは、親が消防官になることに対して何と言っているか、賛成しているか反対しているかを伝える。また、親がすすめたからという発言では、主体性のなさ、意志のなさを感じてしまう。たとえそれが本当だとしても、最終的に選択するのは自分であり、消防官になることを決意した考えを伝えたい。「ほかの民間企業の仕事の相談もしています」も、質問からズレた回答なので伝える必要はない。

フォローアップ

類似質問 地元でない場合は実家を離れることになるけれど、大丈夫ですか？

狙い 実家を離れても家族と良好な関係でいられるか、家族の支援を受けられる人物かを見ようとしている。

答え方 「はい。実家を離れても親とは連絡を密に取り、連休などには帰るようにしたいです」などと、家族を大事にする姿勢を見せよう。親が大事でも、「地元を離れたくありません」などというのはNG。

はい！　両親も消防官になることを応援してくれています。【面接官：危険な仕事でも？】はい、そもそも**両親は「あなたがやりたいことをやったらいい」と言ってくれ、私の意志を尊重してくれています。**【賛成してくれているということですね】はい、消防官になりたいと初めて伝えたときも、**「世の中にとって必要不可欠の大事な仕事。危険も多く責任感の必要な仕事だが、一生懸命にがんばれ」と言ってもらいました。**

①

②

① 親が子どもを応援している良好な関係が見える

親子の関係性は、面接官が気になることの1つ。なぜなら、親子関係に問題があると、職場の人間関係や仕事に対する向き合い方にマイナスの面が出ることが多いからだ。この回答では親が消防官になることを応援している様子が伝わるので、面接官も安心できる。

② 消防官になることを親にきちんと相談している

採用後に親の反対で仕事を辞められては困るので、このような回答があると面接官は安心できる。親子関係は人によってさまざまで、相談しにくいこともあるかもしれないが、就職活動では応援してもらわなければならない。親とは面接の前にしっかり話をしておこう。

5W1Hでつくる自分の回答「親子関係編」

		一回答メモー
WHAT	両親は消防官になることを何と言っていますか？	
WHO	誰かと一緒に来ましたか？	
WHEN	いつ消防官になりたいということを伝えましたか？	
WHERE	どこでそのことを相談しましたか？	
WHY	なぜ両親は賛成（反対）なのですか？	
HOW	（最初反対の場合）どのように説得しましたか？	メモを組み合わせて回答をつくろう！ 回答のつくり方は→P.61～

Q.21 華やかなイメージに反して実際、消防は過酷だが大丈夫ですか？

質問の狙い！ 消防という仕事を的確にとらえているか、また泥臭く厳しいということを伝えたときにどういう反応をするかを見ようとしています。

ダメな回答例

泥臭く厳しくても、それがかっこいいと思います。【面接官：なぜそう思うのですか?】映画やドラマでは、消防官が現場に駆けつけ消火活動を行うシーンがドラマチックに描かれますが、泥だらけになったり瓦礫をかき分けたりと、華やかなだけではありません。そんな姿が、かっこいいと思います。私も、泥だらけになっても人々を守れるような消防官になりたいです。

✖ ドラマや映画のイメージから抜け出せていない。

✖ 質問を的確にとらえられていない。

「かっこいい」「かわいい」など

少なくとも消防官面接においては不適切。幼く、地に足がついていない印象を与えてしまい、「この人は大丈夫か？」と思われ、マイナス評価に。

ワンポイントアドバイス

質問では「華やかなイメージに反して実際…」と言っているのに、映画・ドラマを持ち出してしまっているので、イメージの話しかしていないことに。本気で消防官になりたいのなら、先輩や知人の消防官に、現場の生の話を聞きに行くべきだ。身のまわりに消防官がいなかったとしても、知り合いのまた知り合いなど、つてを求めて探しあてるくらいの意気込みがほしい。そのうえで、面接ではその厳しい仕事に対する意欲を見せるようにする。

フォローアップ

類似質問　消防という仕事にいいイメージを抱きすぎていませんか？

狙い　消防という仕事に対して正しいイメージができているか見たい。

答え方　「実際は厳しいことやつらいこともある」と仕事に対する理解を示し、それでも消防官になりたいという気持ちと、その根拠を伝えられるようにしよう。

本気度が伝わる回答 ◎

①はい！　大丈夫です。それでも私は消防官になりたいです。【面接官：それはなぜですか?】私が消防官になりたい理由は、人々を災害や事故から守りたいからです。そのためにはどんなに厳しく泥臭いことでもやり抜きたいです。【あなたならそれができますか?】はい!【その根拠は?】高校で3年間バレー部に所属していたときも、地味できつい基礎練習や基礎体力をつけることが必要でしたが、それに負けることなく、練習は毎日欠かさず、高校2年の春にはスタメンを勝ち取りました。目標に向かって地道に努力すれば、目的は達成できるということを学びました。だから自分は、過程がどんなものであろうと、目的のためならがんばれると信じています。消防官になったら、人々を守るという目的のために全力を尽くしたいです。②

① 最初に大丈夫であることを伝え、その理由も述べている

まず質問への回答を述べ、その後に理由を言うことで話が伝わりやすい。また最初に「大丈夫です」と伝えることで、印象として意欲も感じられる。

② 具体的なエピソードを加え、発言に説得力が増している

バレー部でのエピソードを数値も交えて具体的に話しているので、説得力が増す。また、その過程で学んだことをアピールしているのもよい。

5W1Hでつくる自分の回答「消防イメージ編」

		ー回答メモー
WHAT	厳しくてもやり遂げたことはありますか？	
WHO	誰かと一緒にやり遂げましたか？	
WHEN	いつやり遂げましたか？	
WHERE	どこでそれをやりましたか？	
WHY	なぜやり遂げられたのですか？	
HOW	それをどのように仕事に活かしますか？	メモを組み合わせて回答をつくろう！ 回答のつくり方は→P.61～

Column 6

民間と公務員

民間企業は、基本的に利益にならないことはできない。組織のすべてがそのために動き、社員も利益を上げてくれそうな人物が優先して採用される。一方、公務員の最大の目的は市民にサービスを提供することで、金銭的な利益に関係なく奉仕する精神を持った人が求められる。社会には社会共通資本、社会共通制度といった儲けにならなくても必要な分野がたくさんある。身近な仕事では、ゴミ処理、大気や水の汚れをチェックする仕事、それに消防や警察の仕事もそうだ。公務員の仕事はこのような公共の利益を目的としており、全体の奉仕者として勤務するのだ、という基本を押さえておく必要がある。面接官が、「なぜ民間企業も受けるのか」としつこく聞くのは、そのような公務員の役割や仕事を理解したうえで受験しているかを見るためなのだ。

民間企業を受験しているか聞かれたらどうすればいいですか？

正直に答え、「消防官が第一志望で、採用されたら必ず勤めたい」と伝えよう。民間を受ける理由は「すべり止め」は避け、「念のため」などとしよう。

Chapter 6

自分の言葉でつくるベスト回答
―時事・性格質問編―

Chapter 6では、時事問題にどれだけ関心を持ち、常識的な考えを持っているか、消防官に求められる資質を持っているか、仲間として活動していきたいと思える人物なのかなど、受験生の人物像を探る質問について、どのような回答の仕方があるのかを見ていきましょう。

時事・性格質問の回答のつくり方

■ 時事ネタは普段から収集し、自分なりの意見を用意しておこう
■ 性格質問では、前向きさと健全な趣味嗜好を伝えたい

時事質問も性格質問も、準備しておくことが大事

時事ニュースに関する質問に答えるには、日頃からニュースに関心を持ち、新聞などで知識を得ておく努力が必要。一方、性格や趣味についての質問は、一緒に働きたい人物かどうか人柄を知るためのもの。自己分析をして、体験を基に答えをつくっておこう。

時事・性格質問の回答をつくるためのステップ

時事質問も性格質問も、質問される可能性は高いため、準備をしておきたい。それぞれ、2つのステップでできる回答のつくり方を、次ページの説明に沿って身につけ、自分なりの回答を準備しておこう。

● 時事質問の回答のつくり方

STEP 1 ニュースをチェックする習慣をつける

STEP 2 興味を持った理由&ニュース内容を把握

● 性格質問の回答のつくり方

STEP 1 自己分析をする

STEP 2 消防官にふさわしい体験を選んで説明

時事質問の回答のつくり方

STEP 1 ニュースをチェックする習慣をつける

新聞やテレビのニュースをできるだけ毎日見るようにして、時事ニュースを知る習慣をつけよう。毎日のように見ていれば、どんなことが話題になっているかわかるはずだ。その中から、気になるものはさらに調べるとよい。

STEP 2 興味を持った理由＆ニュース内容を把握

気になるニュースの中から、さらに3～4個を絞り込んで、そのニュースの内容と自分が興味を持った理由を文章にしてみよう。ニュースは興味が湧いたものなら何でもよいが、有名なものから１つは選んでおく。また、消防に関するものも1つはあるといいだろう。

性格質問の回答のつくり方

STEP 1 自己分析をする

自分はこういう性格だと思える要素をできるだけ多く書き出す。さらに、なぜそう思うのか、その性格を示す体験や出来事なども書いてみる。家族や友人にも自分のことを聞いてみよう。ただし、ポジティブなものにしておく。

STEP 2 消防官にふさわしい体験を選んで説明

STEP1で挙げた性格の要素の中から、消防官にふさわしいと思えるものを選び、「こういう性格なので、消防官として活躍できる」という流れになるように文章にしてみる。その性格であることを示す趣味や習慣、特技などがあれば、説明に付け加えるとよい。

ネガティブな性格要素は、たとえ自覚があっても自分から面接で話す必要はない。前向きな部分やそれを示す体験談を明るく話すようにしよう。

Q.22 関心のある最近のニュースを教えてください

質問の狙い！ 社会のことに関心を持っているか、どんな分野に興味があるか、どのようなものの見方をしているかなどを知りたいと思っています。

関心がある理由が弱い。なぜ関心があるのか見えてこない。

はい、A県で起きたトラックによる交通事故に関心があります。【面接官：それはなぜですか?】それはやはり、どこでも起こりうる事故であり、人ごとではないからです。【どんな事故だったのですか?】詳しくは調べていないのですが、確か居眠り運転によるものだったと記憶しています。【どういったところが特に関心を引いたのですか?】はい、……自分の身に起きたら怖いと思った点です。

関心があるはずのニュースなのに、知識が乏しい。

付け焼き刃ではなく普段からニュースに関心を持ち、新聞などで情報収集しておくこと。どんなニュースに、なぜ関心を持ったのか、そこから何を感じ、どう考えるか、順序立てて話せるようにしておきたい。時事用語を理解しておくことも大切。

フォローアップ

発展質問 どうしたら、こういう事故を未然に防げると思いますか？

狙い ニュースについて、どこまで考えているか確認している。

答え方 「はい！」と返事した後は即答せず、しっかり考える。答えは問題を根本から解決できる名案でなくてもいい。たとえば、「そうですね…。普通の回答かもしれませんが、何よりも予防活動が大事で、起こりうる事故を想定していくこと。火災原因になりそうなものの検査を厳重にすること。あるいは…」など、現実味のある案を提示する。

①

はい！　B県の観光バスの高速道路での火災事故に関心があります。【面接官：どのようなものだったのですか？】一度事故を起こしたバスを修理することなく乗り続けた結果、ガソリンタンクの損傷が広がり、そこからガソリンが漏れ始めたということです。タバコのポイ捨てがその引火材料になって、バスが炎上しました。【その事故になぜ関心を持ったのですか？】はい、その事故は偶然が重なって起きたものですが、他者からすれば気をつけていても防げない恐い事故であり、どう防げばよいのかということに関心が向きました。【その事故に関してどのように思いますか？】火災予防は消防官の仕事でもありますが、やはり、一人ひとりがそれを心がけることだと思いました。人々の意識を変えていくのも、公務員としての消防官の役目だというふうに感じました。

②

① ニュースに関しての知識がある

「どのようなものだったのですか？」という質問に適切に答えられている。

② 自分の意見を述べ、それを消防官の仕事にもつなげている

自分の意見を述べており、事故に関する理解度が高いことがうかがえる。また、それを消防官の仕事につなげているので、消防官への意欲もうかがえる。

5W1Hでつくる自分の回答「関心のあるニュース編」

		一回答メモー
WHAT	何のニュースに関心がありますか？	
WHO	誰が関係していますか？	
WHEN	それはいつのニュースですか？	
WHERE	どこで起きたニュースですか？	
WHY	なぜそれに関心があるのですか？	
HOW	そこで思ったことをどう仕事に活かしますか？	メモを組み合わせて回答をつくろう！ 回答のつくり方は→P.61～

Q.23 友人からはどんな性格と言われる？

質問の狙い！ 他人とうまくやっていける人物か、集団の中でどのような役割を果たしているかを確認しています。また、人柄や日常の生活態度も見ようとしています。

ダメな回答例

そうですね。友人からはよくお調子者と言われます。飲み会でも初対面の人たちを盛り上げようと**つい調子に乗りすぎて、相手の話に合わせて思ってもいないことを言ったり、違う人には逆のことを説明する**ことがあって、意見がフラフラすることが多かったからだと思います。しかし、それは**場を盛り上げるのが得意ということで、私の長所だとも思っています。**

わざわざ自分の短所を長々と述べている。

発言が面接という場に合っておらず、学生感覚が抜けていない。

ワンポイントアドバイス

面接はすべて自己PRなので、短所は少なめにして素直に自分のPRになることをわかりやすく発言しよう。しかし、よい面ばかりを強調するのも自信過剰に見られてしまう。自分で思っているよりも友人の評価が厳しいくらいのほうがいいので、事前に友人に意見を聞いておこう。飲み会で調子よく意見をフラフラ変えたというエピソードは、友人の間で話すにはよいが、面接の場で話すには不適切。学生感覚が残っている印象になる。

フォローアップ

類似質問 「友人は多いですか？」「親友は何人いますか？」

狙い 人間関係の築き方や他人との関わり方を確認している。

答え方 友人は多ければよいというわけではない。表面だけの付き合いの友人しかいないのだろう、と思われることもある。かといって、ほとんどいないと答えたら人間関係に問題があるのでは、という印象を抱かれる。その場合は、本当に親しい親友のことを話すようにする。

本気度が伝わる回答 ◎

はい！　友人からは**前向きでがんばり屋だと言われます。**【面接官：それはなぜだと思いますか？】**今まで困難なことがあっても、明るく前向きに乗り越えようとしてきたからだと思います。**アルバイト先のカフェでも忙しい時間は大変なのですが、**明るく取り組み、正確な注文の取り方や効率的な片付け方などを工夫して仕事を上達させてきた**ので、そういう部分が認められているのだと思います。

②

本気度が伝わるステップアップ

① 消防官としての資質が感じられる

「前向きでがんばり屋」「今まで困難なことがあっても、明るく前向きに乗り越えようとしてきた」という表現をしており、消防官に必要となる性格であることがうかがえる。

② 体験を添えて説得力を高めている

「前向きでがんばり屋」を裏づける体験談として、アルバイト先の取り組み方などを具体的に述べている。考えと行動がズレていないことが伝わり、説得力が高まる。反対に具体的な経験談を伝えないと説得力がなく、面接官から「具体例を教えて」と質問されることも。

5W1Hでつくる自分の回答「どんな性格？編」

		ー回答メモー
WHAT	友人からどんな性格だと言われますか？	
WHO	友人以外で誰かから同じことを言われましたか？	
WHEN	どういったときにそれを言われますか？	
WHERE	どこで言われますか？	
WHY	なぜそう言われたのだと思いますか？	
HOW	どのようにその性格を仕事に活かしますか？	メモを組み合わせて回答をつくろう！

回答のつくり方は→P.61～

Q.24 最近読んだ本を教えてください

質問の
狙い！

受験生の関心がどこにあるか、読書習慣があるかを知るための質問。読書傾向だけでなく、内容の理解度も確認しようとしています。

ダメな回答例

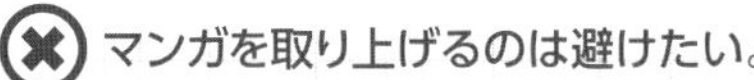
マンガを取り上げるのは避けたい。

最近読んだ本ですと、**マンガの『○○○』が面白かったです**。主人公は1人の少年なのですが、この少年が奇怪な事件に巻き込まれ、その事件を友人とともに解決していくという話です。**少年の推理しているときの表情や、犯人との格闘シーンはとても迫力があり、また、複雑な人間関係も面白い**です。

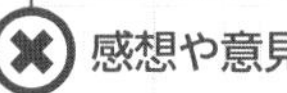
感想や意見が表面的なものでしかない。

NG
ワード

「パチンコ」「競馬」など

ギャンブルの話題は基本的によくない。本当に競馬が好きであっても、面接ではほかの話題を出したい。

ワンポイントアドバイス

マンガや「本を読まない」という回答はNG。読書は教養や思考力、感受性などを身につけるので評価される。ぜひ読書を習慣化しよう。読んだ本のタイトルと著書名、簡潔な内容、どんな感想を持ったか、どんなところに感銘を受けたか、何を学んだかについて整理しておこう。

フォローアップ

発展質問　「月に何冊本を読みますか？」

狙い　本を読むことが日常化しているのか見ている。

答え方　普段からよく本を読む人はそのまま答えればよい。あまり読まない人も思いつく限りの読んだ本を思い出し、それを月何冊かに換算して答える。趣味が読書と言って月に一冊しか読まない、では整合性がない。気をつけよう。

はい！　私が最近読んだのは三浦しをんの『舟を編む』です。**出版社に勤務する辞書編集部の主人公が新しい国語辞典を作る話です**。①言葉には、自分や他人を傷つけることも勇気づけることもできる力があるということを知りました。【面接官：他にはどんなところがよかったですか?】辞書の世界に没頭する主人公が適切に言葉を表現しようと奮闘するところです。**仕事に真摯に向き合い、自分ばかりではなく誰かのために一生懸命になって取り組む姿に感動しました**。②読んだ後に気持ちが温かくなる一冊です。

① 本の内容を簡潔にまとめている

最初に概要を簡潔に伝えることで、未読の面接官はどんな本なのか、ある程度イメージしやすくなり、その後の感想も理解しやすくなる。本の内容は長々と話してしまいがちなので注意して、しっかり感想も言えるようにする。

② 感想や意見を伝えることで本の理解度を示している

上っ面の意見だけなら概要を見ただけでも言えるので、浅い感想・意見は面接官に「本当は読んでいないのでは？」という印象を与えてしまう恐れがある。しかし、この回答であればどういったところに感動したかまで伝えているので、本に対する理解度もわかる。

5W1Hでつくる自分の回答「読書編」

		一回答メモー
WHAT	最近読んだ本は何ですか？	
WHO	誰がその本の著者ですか？　その著者のほかの作品は読みましたか？	
WHEN	いつそれを読みましたか？	
WHERE	その本のどこがよかったですか？	
WHY	なぜその本を読んだのですか？	
HOW	どのようにその本はあなたの心を打ちましたか？	メモを組み合わせて回答をつくろう！ 回答のつくり方は→P.61～

Q.25 高校（大学）生活は楽しかったですか？

受験生の人柄や日常、どんな考え方をする人なのかを知ろうとしています。また、将来への意欲や目標達成能力も知りたいと思っています。

「強いて言うと」という表現だと、楽しい思い出がなかったという印象。

そうですね……。テニスのサークルに所属し、アルバイトもやっていましたが……振り返ってみて、**強いて言うならば、サークルの２年目の夏合宿が楽しかったです。**A県の○○浜の近くで宿泊したのですが、**みんなでよい思い出をつくることができました。**

よい思い出なら、それを具体的に伝えたほうがプラス評価になる。

「1日中パソコンに向かっていました」など

他者との関わりが薄いのでは、という印象を与える。それで消防官面接における自己PRにつなげられるエピソードを話せるならばよいが、ほとんどの場合は消防官としてはマイナス印象になる。

ワンポイントアドバイス

「楽しかったですか？」と聞かれて消極的な反応を見せるのはマイナス。どんなテーマでもよいから、積極的に学生生活を送ってきたことをアピールしたい。まず最初に楽しかったことを伝え、次にその根拠となる具体的なエピソードを話そう。

フォローアップ

発展質問　「その体験で学んだことを消防官としてどう活かしますか？」

狙　い　体験談がウソではないか、体験をどう活かそうとしているかを確認している。

答え方　たとえば「コミュニケーションの大切さを学んだので、それを消防の仕事で活かしたい」などと答える。ただし、コミュニケーション能力をアピールする受験生は多いので、面接官に「コミュニケーション能力がある」と思ってもらえる具体的なエピソードを語るとよい。

本気度が伝わる回答◎

①はい！　楽しく過ごすことができました。【面接官：たとえばどんなことが楽しかったですか?】特に楽しかったことは、大学2年生のとき、アウトドアサークルの登山で八ヶ岳にサークルメンバー10人で挑戦した際に、全員が頂上まで登れたことです。【どんなところが楽しかったのですか?】事前にみんなで一緒に体力づくりをし、登山道具を揃えるためにアルバイトを一緒にしたことも楽しかったのですが、そうやって長い期間計画して無事山の頂上に辿り着いたときのよろこびは最高でした。チームで協力してやれば何でもできる、ということを感じました。②

本気度が伝わるステップアップ

① 楽しかったという様子が伝わる

最初に楽しかった旨を伝え、その後に「特に楽しかったことは」と言っている。楽しいことがいろいろあった中での選択ということがうかがえる。

② エピソードから協調性が感じられる

「協調性」という言葉を使わず、エピソードで協調性を発揮したことを説明している。自己PRは今まで自分が何をやってきたかということ。これをエピソードで語るとよい。盛り込むエピソードは一つに絞り込もう。

5W1Hでつくる自分の回答「高校（大学）生活編」

		一回答メモー
WHAT	学生生活で何が楽しかったですか？	
WHO	誰とそれを行いましたか？	
WHEN	それはいつのことですか？	
WHERE	それはどこで行われましたか？	
WHY	なぜそれが楽しかったのですか？	
HOW	その経験を消防官としてどう活かしますか？	メモを組み合わせて回答をつくろう！ 回答のつくり方は→P.61〜

Q.26 座右の銘は何ですか？

受験生の人生観や物事の見方、考え方を知ろうとしています。また、一般常識や教養を持っているかどうかも判断しようとしています。

ダメな回答例

言葉の意味を正しく理解していない。この例なら「初志貫徹」。

はい……。「首尾一貫」です。【面接官：それはなぜですか?】え一……、何事も基本が大事で、自分の最初の気持ちを大事にすることだと思うからです。これからいろいろと大変なこと、厳しいこと、つらいことがあると思いますが、初心を、なぜ最初に消防官になりたかったのか、という大事なことを忘れずにいれば、乗り越えられると思います。

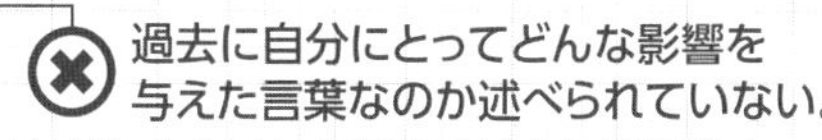

過去に自分にとってどんな影響を
与えた言葉なのか述べられていない。

「～と思います」

自分の決意などを語るときに、「～だと思います」という表現では主張に自信がない印象を与えてしまう。伝えたいことは「～です」と言い切るほうがよい。

ワンポイントアドバイス

言葉の意味を理解しておくことはもちろん、それが自分にとってどんな影響を与えたのか、日々の生活にどう活かされているか説明しよう。苦し紛れにその場で思いついた座右の銘を言わないこと。

フォローアップ

発展質問 尊敬する人はいますか？　それはなぜ？

狙い 受験生のものごとの見方や考え方、人生観、人柄を知りたい。

答え方 まず尊敬する人物を挙げ、簡単に人物像も付け加える。その人物を尊敬する理由や経緯を伝えた後は、その考え方や生き様が自分の人生や生活にどう反映されたかを説明し、消防官になったらどう役立てたいかも伝えたい。

本気度が伝わる回答◎

はい！ ①「千里の道も一歩から」です。【面接官：それはなぜですか?】野球部に所属していたのですが、監督が部員に「大きい夢を持て」という言葉を投げかけ、「そしてそれを達成するには千里の道も一歩からという精神が大切だ」と教えてくれました。②厳しい練習や負け試合と、何度も挫けそうになる場面がありましたが、その言葉を胸に練習を続け、甲子園出場という夢を追いかけました。【結果どうなりましたか?】県大会決勝で1対2と、惜しくも敗れましたが、一つひとつの努力や経験が積み重なって大きな夢に届くのだと実感できました。消防官になっても、地域を守るという目標に向け、一つひとつの仕事を大切に行っていきたいです。

① 座右の銘の意味を正しく理解している

「千里の道も一歩から」の言葉の意味を正しく理解しているので、話に矛盾が生じておらず、アピールしたい部分がしっかり伝わる内容となっている。

② どう自分に影響を与えたのかのエピソードがある

それがなぜ座右の銘となったのか、具体的なエピソードを述べているので理解しやすく、実際にそれが座右の銘であるという現実味が出ている。また、それを消防官の仕事につなげることにより、意欲も感じられる。

5W1Hでつくる自分の回答「座右の銘編」

		ー回答メモー
WHAT	座右の銘は何ですか？	
WHO	誰からその言葉を教わりましたか？	
WHEN	いつそれが座右の銘となりましたか？	
WHERE	どこかきっかけになった場所は？	
WHY	なぜそれが座右の銘なのですか？	
HOW	どのようにその座右の銘があなたに作用しましたか？	メモを組み合わせて回答をつくろう！ 回答のつくり方は→P.61〜

Q.27 ストレスはどうやって発散してきましたか？

毎日を前向きに送ることができる人かどうかを知ろうとしています。また、自分の心身の状態を整える方法を持っているかどうかも知ろうとしています。

ダメな回答例

ストレス解消ではなく、単なる逃げになってしまっている。

そうですね……。アルバイトがとても忙しくてストレスがたまっていました。だからストレスの原因だったアルバイトを辞め、勉強に励むことにしました。

苦手な人と一緒にいると、ストレスがたまります。なので、サークルも人間関係のストレスが原因で辞めてしまいました。解消法は、お酒を飲んで嫌なことを忘れることです。

人間関係でストレスがたまるのはNG。お酒に走るという発言もNG。

「ぼーっと過ごす」「部屋でダラダラ」「ギャンブルで」など

消極的、内向的な時間の過ごし方は印象がよくない。積極的で健全なストレス解消法を考えておこう。ギャンブルの話もNG。

ワンポイントアドバイス

「辞めれば解消される」という発言では、「仕事で困難があったときも辞めるのでは？」と、信頼できない印象を与える。スポーツなどの健全なストレス解消法があれば、それを素直に話せばよい。

フォローアップ

発展質問 あなたの健康管理方法を教えてください

狙い 日々の生活の中で、心身ともに自己管理ができているか見ている。

答え方 健康維持、体力アップのために気をつけていること、意識して行っていることを伝える。普段から自己管理ができていることを積極的にアピールしたい。

本気度が伝わる回答 ◎

はい！　ランニングが一番のストレス発散方法です。私はいくつか資格を持っているのですが、試験勉強などで忙しくなってしまうときには、睡眠時間も普段より短くなりますし、夜眠るときにもいろいろ考えてしまい、なかなか寝付けなくなってストレスがたまりました。そういうときは、何も考えずに自分の好きなコースを①5kmほど、30分くらいかけて走ります。そうして②身体を動かすと、気持ちもずいぶんリフレッシュできます。それに身体が少し疲れると夜もぐっすり眠れるので、次の日起きたときには身体も気持ちもすっきりとしています。すると、次の日もまたがんばろうと思えるようになります。

本気度が伝わるステップアップ

① ストレス発散のエピソードが具体的

ストレス発散の方法が具体的なので現実味があり、面接官の理解も得やすい。また、「5kmほど」や「30分くらいかけて」と具体的な数値を挙げながら説明しているので、さらにわかりやすい内容になっている。

② ストレス発散のための行動が明確になっている

ストレスがたまったときにどうするか、自分なりの解消を見つけて実践しているところが評価できる。また、「睡眠時間も短くなり」「眠るときにもいろいろ考えて」とストレスの原因を自分で特定できているのも高評価。

5W1Hでつくる自分の回答「ストレス発散編」

		ー回答メモー
WHAT	ストレス発散方法は何ですか？	
WHO	誰といるとストレスが和らぎますか？	
WHEN	いつストレスがたまりますか？	
WHERE	どこにいるとストレスが和らぎますか？	
WHY	なぜその方法だとストレスが和らぐのですか？	
HOW	どのようにそれを仕事に活かしますか？	メモを組み合わせて回答をつくろう！ 回答のつくり方は→P.61〜

Q.28 所属していた部活動・サークルと、そこでの役割は？

質問の狙い！ 学生時代、何に力を入れていたかを知ろうとしています。また、チームの中での他人との関わり方や行動の仕方を確認しています。

ダメな回答例

理由があいまいで、安易なほうに流されがちな印象を与える。

フットサルのサークルに入っています。高校時代まではサッカー部だったのですが、大学ではいろいろと忙しくなると思って、気軽にできるフットサルにしました。特に決まった役割はなかったのですが、先輩に頼まれてフットサル場の予約をしたりしていました。

主体性がなく、「受動的な役割しか果たせないのでは？」と悪印象。

ワンポイントアドバイス

そのサークルや部活動の具体的な活動内容や魅力などを語り、そこで主体的に果たした役割や、そこで何を得たのかなどを説得力のある具体的な内容で語りたい。サークルに入っていなくても評価が下がるわけではなく、ほかに力を入れたことについて語ればよい。

フォローアップ

発展質問 なぜ部活動・サークルに所属しなかったのですか？

狙い 部活動・サークル以外で何か主体的に活動していたのかを知りたい。

答え方 部活動・サークルに所属していなかった積極的な理由や、ほかに何かやっていたことはあるのかを説明しよう。たとえば「なぜなら地元商店街の青年会で青空市などの運営のお手伝いをしており、その活動で週末の時間がかなり割かれるからです」など。

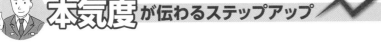

本気度が伝わる回答◎

サッカーのサークルに入っています。小学生の頃から始めたサッカーを続けたかったのと、大学での勉強と社会経験を積むアルバイトにも時間を割きたいと考えたので、部活動ではなくサークルを選びました。それでも、毎週3回は練習して、週末には試合があるという本気のサークルで、目標にしていた都大会で3回戦まで勝ちすすんだのはすごくいい思い出です。私は戦術を分析したり人に教えるのが好きというのもあって、2年次からはコーチも担当し、人に教える難しさや面白さを体験できました。

①大学での勉強と社会経験を積むアルバイトにも時間を割きたい
②毎週3回は練習して、目標にしていた都大会で3回戦まで勝ちすすんだ
③コーチも担当し、人に教える難しさや面白さを体験できました

本気度が伝わるステップアップ

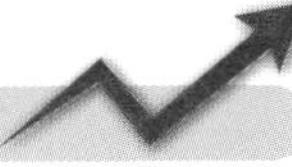

① 加入理由やきっかけがわかりやすく、説得力が高い

「サッカーを続けたい」かつ「勉強とアルバイトにも時間を割きたい」という条件を自分で決め、サークルでの活動を選んだ理由がわかりやすい。

② 目標とそのための努力を伝えている

この回答のようにサークル活動でのことは、“サークルの目標”と“その目標達成のためにあなたが取り組んでいること”を伝えられるようにしたい。

③ チーム内で自主的に役割を担い、そこで何を得たかを伝えている

チームの中で能動的に役割を担って活動できるのは高評価につながる。また、その経験から得たものについても伝えられているのもプラス評価。

5W1Hでつくる自分の回答「部活動・サークル編」

		一回答メモー
WHAT	何のサークルに入っていましたか？	
WHO	誰と特に関わりが深かったですか？	
WHEN	いつそのサークルに入りましたか？	
WHERE	どこで活動していましたか？	
WHY	なぜそのサークルに入ったのですか？	
HOW	どのようにサークルでの経験を仕事に活かしますか？	メモを組み合わせて回答をつくろう！ 回答のつくり方は→P.61～

Q.29 あなたの趣味は何ですか？

質問の狙い！ 受験生の好みや何かに取り組むときの姿勢を知ろうとしています。特技や資格に関しては、配属とつなげて考える可能性もあるでしょう。

ダメな回答例

✖ 趣味に没頭するあまり、学校生活がおろそかになっている印象。

はい、私は将棋が趣味です。好きなことには没頭する性格なので、**授業のある日も寝ないで朝まで詰め将棋を解いていた**こともありました。中学のときに夢中になって、7、8年は続いていますので、そういった意味では将棋は特技ともいえます。【段位を持っていますか?】段位は持ってはいませんが、段位認定の試験を受ければ、恐らく初段くらいにはなると思います。【根拠は?】**いつもやっているネットゲーム**でも、あまり負けないので。

✖ ゲームについては、触れるだけでもあまりいい印象は与えない。「ゲームに熱中」はNG。

ワンポイントアドバイス

趣味に打ち込むことは悪いことではないが、この回答例ではそれによって学生の本分である学業や学校生活がおろそかになっており、消防官の業務にも支障をきたすのではないかという不安を与える。個性を伝えられるエピソードを用意して、そこから学んだこと、人柄のよさ、教養の高さまでさりげなくアピールしたい。ゲームやギャンブルの話題には触れないほうがよい。

フォローアップ

発展質問 休日は何をして過ごしていますか？

狙い 問題行動を起こすような人物ではないか、確認しようとしている。

答え方 何をすることでストレスを発散できて、誰といると楽しく過ごせて、ということを自己分析して回答する。ギャンブルと答えるのはNG。

本気度が伝わる回答 ◎

はい！　私の趣味は自転車です。大学入学時に通学目的でツーリング用の自転車を購入したのをきっかけに本格的に始めました。【面接官：本格的というと?】北海道一周約2000kmに挑戦するというのを目標に、休日には自転車で近くの山に登ったり隣の県まで遠乗りしたりしていました。【目標は達成できましたか?】はい！　大学一年の夏に挑戦したときは、あまり準備もせずに一人で行き、途中で体力もお金もなくなって、リタイアしてしまいました。それがすごく悔しくて、大学で一緒に行く仲間を見つけて、一緒に身体を鍛え直しました。そして昨年、その仲間と3人でしっかり計画を立てて再挑戦し（①）、北海道一周を達成できました。仲間と協力してしっかり準備することで、大きな目標を達成できた（②）のは、すごくいい教訓になりました。

本気度が伝わるステップアップ

① ひたむきに物事に取り組む姿勢が見える

「北海道一周」という目標を掲げ、一度は挑戦に失敗しているが、そこからトレーニングを継続しており、目標に向かって努力できる人だと伝わる。

② チームワークを力にできる人柄であることがわかる

自分一人ではできなかったことを、仲間とともに達成したエピソードはよい印象。困難も仲間と協力することで乗り越えられる協調性があると評価される。

5W1Hでつくる自分の回答「趣味編」

		ー回答メモー
WHAT	あなたの趣味・特技は何ですか？	
WHO	誰か一緒に関わった人はいますか？	
WHEN	いつからそれを始めましたか？	
WHERE	どこでそれを行いましたか？	
WHY	なぜそれが得意なのですか？	
HOW	どのくらいそれが得意なのですか？	メモを組み合わせて回答をつくろう！ 回答のつくり方は→P.61～

「最後に何か質問はありますか？」に対する回答

面接の最後に、面接官から「こちらに何か質問はありますか」と聞かれることは意外と多い。このとき、「別にありません」と言うのは、相手に前向きな印象を与えられないので避けたいところ。事前に仕事や組織のことは調べているはずだから、疑問に思ったことを整理しておき、素直に聞きたいことを質問すればよい。自分が志望する勤務地域や職場、仕事内容についての具体的な質問ができると、「よく調べているな」と面接官に好印象を与えられるはずだ。特に、その消防署が直面している課題やその解決法などについての質問は、かなりハイレベルといえる。ただし、残業時間や給与のことなど、労働条件についてしつこく聞くのは、「休みやお金のことばかり気にして仕事自体に熱意を持っていないのでは」と感じさせてしまうのでNG。

A市B地区の住宅街は木造の小さな家が多く、道も細いですが、もしここで火災が発生した際には、どのような体制で消防活動にあたるのでしょうか?

ネガティブな性格要素は、たとえ自覚があっても自分から面接で話す必要はない。前向きな部分やそれを示す体験談を明るく話すようにしよう。

Chapter 7

集団面接・集団討論を突破する！

面接試験では、集団面接や集団討論もよく行われます。そこでは、集団の中でどのような行動をとり、どのような役割を果たせるかが見られています。Chapter 7では、集団面接でのポイントと集団討論の具体例を見ながら、どのように対処すればいいのかを学びましょう。

集団面接を攻略するには

■ 集団面接の場では、同じような意見が続出して当たり前
■ 個別面接と同様、面接官の質問にしっかりと受け応えすることが大切

人と違うことを言おうと奇をてらう必要はなし

集団面接を受けた経験者がよく口にするのが、「ほかの受験生の回答が気になってしまった」という感想です。無理もないことですが、他人の意見に振り回されず、自分の考えを伝えましょう。**あえて他人と違うことを付け焼き刃で言って、辻褄が合わなくなったのでは、むしろ逆効果になります。**受験生たちの回答が似通ったものになることは、面接官は承知の上です。

突飛な意見が求められているのではなく、それよりも質問の意図を把握してきちんと答える姿勢が肝要です。また、集団面接では、各人に与えられた時間が短いので、簡潔かつ丁寧に意見を述べることも意識しましょう。

同じ結論でも、そう思う理由を付け加える

自分が言おうと思っていたことを、ほかの受験生に先に言われてしまっても焦らずに。たとえ結論は同じでも、なぜそう思うのか自分なりの理由を付け加えよう。ただ他人の意見や最大公約数的な回答をなぞっているのではなく、考えたうえでの発言であると示したい。

例

前の方と同じになりますが、速やかに指令を実行に移すことが大切だと私も思います。そうすることで救助活動をスムーズに進め、被害を最小限に抑えることが第一と考えます。

FAQ 集団面接にまつわるよくある質問と答え

Q1

話がズレると、よく言われます。
何か改善方法があるなら教えてください。

A1

「自分が話したいこと」を優先するのではなく、「面接官が聞きたいこと」はどのような内容なのかを理解して答えるように努めましょう。自分のアピールしたいことを前面に出さず、相手の質問の意図に沿って回答できるよう日頃から心がけることです。そうした能力を身につけることは、どのような職種にも求められますが、チームワークが重んじられる消防官の任務にはスタンドプレーは無用ですから、十分に訓練しておきましょう。

Q2

集団面接ならではの注意点はありますか？

A2

受験生の人となりを見るという点では、集団面接も個別面接も基本的に同じです。ただ、集団面接では数人（5～9名）が一度に集められるため、面接する側は受験生を比較しやすくなります。したがって、身だしなみや態度、話し方や声の大きさなどには、ことさら注意しましょう。また、集団面接と通知を受けて、当日の試験場では集団討論が実施されたケースもあるので事前に確認しておきましょう。

CHECK 自分の順番が終わっても気を抜かずに

集団面接の特徴は、自分が質問を受けていない時間帯が長いこと。重要なのは、その間も面接官とほかの受験生の会話に真剣に耳を傾けること。自分が答え終ったからといって、もう役目は済んだとばかりに興味ない態度を取っていたのでは、不合格は間違いなし。「今の○○さんの発言をどう思いますか？」と質問を受けることもあるので油断は禁物。そうでなくても、面接官の前で気を抜くなど受験生としてもってのほかです。

集団討論を攻略するには

■ 議論を闘わせる場と難しく考えて構えずに
■ 事前に役割分担を決めておくと話がすすみやすい

集団討論は“相談”して結論を導き出す

討論といっても構える必要はありません。そこで**問われるのは、コミュニケーション能力や、チームワークに徹することができるかといった協調性です**。自分の意見に周囲を従わせようなどと意気込むことも、逆に苦手意識を持って弱気になることもなく、自然体で臨めばよいのです。集団討論は、**友人同士など親しい仲間数人でする“相談”と一緒だ**と考えましょう。ここではほかの参加者（受験生）をライバルと思うより、「みんなで合格しよう」という意識が大切です。見知らぬ同士の会話を活発化させ、周囲の意見に耳を傾けつつ与えられた時間の中で一つの結論を全員で導き出せるように努める、前向きな姿勢が求められます。

集団討論と通常の相談の流れは同じ

集団討論は通常の相談と実質的に同じ。会話の流れは以下のようになる。

集団討論		友人との相談
❶ テーマが与えられる	⟷	❶「今度、みんなでどこかへ出かけよう」（テーマ）
❷ 各自で考える時間	⟷	❷「遊園地へ行こうよ」（自分で案を出す）
❸ 意見を出し合う	⟷	❸「遠いし、混んでいると思うな」（意見を出す）
❹ 意見を整理する	⟷	❹「それじゃあ、近くの映画館へ行こうか。予約すれば席も確保できるし」（意見をまとめる）
❺ まとまった意見を代表者が発表する	⟷	❺「みんなで映画を観に行こう」（代表者が発表する）

集団討論における4つの主な役割

集団討論では、与えられた時間内に意見をまとめるため、あらかじめ役割を決めて始めることが鉄則です。それぞれの役割とポイントを以下に挙げます。

①司会（討論の活性化、まとめ役）

○こんな人向き

・日頃から仲間うちの会話をまとめることが多い人
・意見の調整や会話をスムーズにすすめることが得意な人

×よくある失敗

・より上手なまとめ役がいて、役割をうばわれてしまう
・制限時間内に結論を導き出せない
・意見をまとめようと焦って、同意を強要するようになってしまう

アドバイス 全員で合格する気持ちで話し合いをすすめ、一丸となる姿勢をうながす。

②タイムキーパー（時間管理役）

○こんな人向き

・日常的に早め早めの行動を心がけている人

×よくある失敗

・討論に夢中になって、本来の役割を忘れてしまう
・開始時間を失念したため、残り時間がわからなくなる

アドバイス タイムスケジュールを把握し、状況に応じて途中途中で経過時間を伝える。

③書記（討論内容のメモ役）

○こんな人向き

・それぞれの意見を聞いたうえで要点をまとめるなど、仲間うちの調整役を務めることが多い人

×よくある失敗

・メモをとるだけでいいと思い、意見をまとめる手助けを怠る
・議事を記録することで手いっぱいになり、会話に入れなくなる

アドバイス 話をまとめることに助力する意識を忘れない。要点のみをメモする。

④役につかない人（意見を出す、意見のまとめ役に協力する人）

○こんな人向き

・表立ってリーダー役を務めることのない人

×よくある失敗

・発言が少なくなる

アドバイス 自らも意見を出しつつ、全員で合格しようと意識して調整に協力する。

【裏の司会役】公平に全員の意見に耳を傾けて話をまとめることに自信がある人は、あえて役割につかずスムーズな進行の手助けに回るのも一つの方法。脱線気味になる人を軌道修正しつつ司会ほど前面に出ず、論理的な意見を述べて話がまとまる方向へと誘導する。

集団討論を突破する4つのポイント

集団討論は決して難しいものではありません。次に挙げる4つのポイントさえしっかり頭に入れておければ、心配なく当日を迎えられます。

① 前向きな姿勢で、全員で合格しようという態度を示す

発言が少ない人に「Aさんはどう思いますか？」と質問して会話に加わりやすくするなど、ほかの受験生に親身に接して全体のチームワークに貢献している印象を与えるようにしましょう。後ろ向きな発言は無用です。

② テーマから脱線しないように

ディスカッションするうちに熱くなりすぎたり、最初からテーマをはき違えて、ズレた発言をする受験生は少なくありません。テーマをきちんと理解して、テーマに沿って冷静に発言するように気をつけましょう。もし自分がテーマからズレた発言をしていることに気づいたら、その時点ですぐに修正しましょう。

③ 必ず結論から述べて、その理由を説明する

結論から話して、そこに理由をつけ加えるのは、面接の際と同様に発言の鉄則です。理由を説明するときに、根拠となる体験談があれば説得力が増します。

④ ほかの受験生の発言に相づちを打つ

しっかり人の話に耳を傾けている人は、おのずと相づちを打つ回数が多くなります。聞く姿勢が周囲にも伝わるので、意識的に相づちを打ちましょう。集団討論では、自分の意見を考えることに集中するあまり、相づちを打つことを忘れがちになりますが、ほかの受験生の話に興味がないように見えてしまいます。

CHECK 確実に減点になる5タイプ

❶ 自己中心的・暴走タイプ
- 延々と話し続け、他人が発言する時間を減らす人
- 自分だけが正しいと信じ込み、頑なに主張を譲らない人

❷ 後ろ向きタイプ
- 他人の意見を否定するばかりで、本来の目的を忘れている人

❸ 発言量が極端に少ないタイプ
- まったく発言しようとしない人

❹ 優柔不断タイプ
- 意見をすぐに変える

❺ 短気でいじわるタイプ
- カッとなりやすい
- 他人の意見をからかう

集団討論の評価のポイント

集団討論は、**仮想の社会的シーンで各受験生がどのような役割を果たすのかを試すものです**。社会人としての資質や実践的能力をはかるため、討論の間、面接官は受験者たちを観察し、いくつかのポイントで評価を下します。

面接官の視点

貢献度

- 問題解決に役立つ情報を提供しているか。
- もつれた議論をときほぐし、わかりやすく整理して全員に提示できるか。
- 議論が的外れな方向にすすんだとき、軌道修正できるか。
- 話し合いを円滑にすすめるために適切な論点を提供できるか。
- わかりやすく筋道の通った意見を述べているか。

リーダーシップ

- 全体の状況を見通して、大局的な判断ができるか。
- 正しい方向へグループを導けるか。
- 意見が分かれたとき、全体をまとめる手腕を持っているか。
- 話し合いを共通の結論に導く計画性があるか。

社会性

- ほかのグループメンバーの立場になって考えることができるか。
- グループメンバーと積極的に協力しているか。
- 集団の中で自分が果たすべき役割を理解しているか。
- 社会通念に適合する考えの持ち主であるか。

みんなと協力し、
グループに貢献しよう

集団討論でよくある悩みに答えます

Q1 先に同じ意見を言われたり、ありきたりのことしか言えないと思い、発言を控えてしまいます。

A1 「私もAさんと同じ意見です。なぜなら、過去に○○という体験をしたので、○○と思うようになりました」といった発言をすれば、ただ他人の意見に追従している印象にはなりません。

Q2 与えられたテーマに対して特別に優れた結論を導き出す自信がありません。

A2 結論は無難で構いません。合否の基準になるのは結論自体ではなく、積極的だったか、協力的だったか、投げやりでなかったかなど、討論中の姿勢が面接官の評価対象だからです。

時間内に終わらない失敗例（集団討論①）

■ 集団討論では意見をまとめていく姿勢が評価されるため、時間内に討論を終わらせて意見集約をしないと印象は悪くなり、不採用の確率が上がります

暴走タイプの参加者を止められなかった

ここでは、暴走する人（Bくん）をうまく止められず、時間内に討論が終わらない場面を例に、想定される受け応えに沿いながら要点を確認していきましょう。

受験生6名

Aくん

Bくん

Cさん

Dくん

Eさん

Fくん

課題用紙

『SNS（ソーシャル・ネットワーキング・サービス）への関わり方について。また、防災・防火活動にSNSを使う場合の課題について論じてください。』

はじめの10分で課題について各自検討して個人の意見をまとめ、残り40分間で全員参加の討論を行ってください。

集団討論開始

A  では、始めましょうか。議題はSNSについてですね。

B  SNSへの関わり方と、防災・防火にSNSを活用するときの課題という2つテーマですね。まず最初に、❶議事進行の役割を決めませんか？

A  どなたか司会を希望する人はいませんか？　❷もしいなければ、私が担当させていただきますが、どうですか？

B  ❸よろしければ、私が司会を担当しましょうか？　いかがですか？（Bくんが司会、Eさんが書記、Dくんがタイムキーパーに決まる）

A  ❹テーマが2つあって制限時間は40分なので、総括の時間も考えると1つの課題に15分意見を出し合って、5分で意見を集約しましょう。それだと1つの課題について20分ずつで、時間ピッタリになりそうですね。（Aくんの時間配分に全員同意する）

B  では、討論を始めましょうか。最初は、「SNSへの関わり方」について。みなさんどれくらい利用していますか？まず私の場合から話すと、私はSNSを毎日利用していますが、利用し始める前にくらべるとコミュニケーションの輪が広がったと感じています。友人が海外にもできました。みなさんはどうですか？

C  たしかにそういう便利な面はありますよね。でも私は、SNSがもたらすものには負の側面もあると思います。不特定多数の誹謗中傷するような人たちにも情報をさらしている危険性があると言えませんか？　友人がSNSで知らない人たちからいじめられて、すごく落ち込んでいたことがあって。SNSの使い方のルールやマナーを、もっとしっかり決めていかないとダメだと思います。

D  ❺私もCさんの意見に賛成です。根拠は……特にないんですけど、ちょっと怖い感じはありますよね。（Aくん、DくんもCさんと同じ意見だと発言し、Fくんもうなずく）

B  そうは言っても、友人や家族などとの連絡にSNSを毎日利用している人もいるんじゃないでしょうか。便利さを感じてませんか？

〇 ❶最初に役割を決めると議論しやすくなる。「役割を決めないですすめてください」と面接官側から指示があることも。その場合はリーダーシップのある人が自然と司会になる。

〇 ❷自ら立候補しながら、司会希望者を募る積極性・公平性は高く評価される。

〇 ❸自ら立候補する積極性は評価される。

〇 ❹時間配分を決め、議事進行に気を配る姿勢はプラス評価。

✕ ❺理由を述べない発言はNG。ほかの受験生と同じ理由でもいいので自分の意見として回答したほうが印象はよい。

C  たしかにそうですが……。私も毎日SNSを利用していますが、SNSへの関わり方にルールづくりが❻絶対必要だと思います。無意識に利用して人をキズつけている人も多いと思います！　違いますか!?

× ❻感情的な発言も注意が必要。仕事の際にすぐに怒ってもめ事を起こすのではと、不安な印象を与えてしまう。

B  まあまあ、落ち着いて。そもそも、SNSが一般的にコミュニケーションツールの一つとして認知されたのがここ最近のことですから。電話やメールと同じように徐々にルールが確立されてると思いますよ。だいたい、それぞれのSNSに登録するときに、プライベート情報の扱い方とか、発言のマナーとか学べる情報はたくさん出されているはずなんですよ……❼（SNSのマナーやルールの話が3分続く）

× ❼SNSの概要にこだわりすぎて論旨がテーマからずれている。時間も使いすぎ。

E  へぇ～、そうなんですか。
知らなかったです。

F  ❽……。

× ❽Fさんの発言が極端に少ない。それに気づいて発言を引き出すような姿勢は、好印象になる。

A  みなさん、SNSに対していろいろ感じていることはあると思います。❾提案ですが、先にテーマの定義づけをしませんか？　特にSNSにどのような立場で関わるかを定義づけする必要があると思いました。というのも、課題ではどの立場でSNSに関わるか、あいまいに設定されていると感じました。今出ている意見は、それぞれ個人個人がどのようにSNSに関わっているかという意見だと思います。ただ、我々は消防官を目指しているので、ここでは消防官の立場でSNSについての関わり方を考えていきませんか？

❾個々の意見だけだった議論をまとめる条件を提示し、方向性を示した点が高評価。議論の方向性を変えるときは「肯定＋提案＋理由説明」を意識。

全員 （全員同意する雰囲気）

E  Aさんの提案に賛成です。❿それぞれの意見は筋が通っているのに、どこか噛み合わないと思っていたのですが、その原因はSNSにどのように関わるかという立場の違いですね。Aさんの提案を活かして消防官の立場で考えると、SNSは消防官として情報発信に利用する場合の観点と情報の収集に利用する場合の観点がありそうですね。……Bさん、どうですか？

○ ❿ほかの人と同じ意見でも、自分なりの理由を加えて話せば印象はよくなる。

B  ⓫消防官という立場で考えてみると……、たしかに趣味や趣向の似た人と出会うという以前に、信頼性の高い情報を発信したり受けとることができるかが重要ですね。ルー

○ ⓫他人の意見をきちんと聞いたうえで根拠を示せば、意見を変えても問題ない。

ルづくりが必要だというCさんの意見にも賛成です。

E  ⑫では、SNSは消防官としての立場で考えれば、広く発信力のあるツールであるからこそ運用のルールが必要だという意見はみなさん同じですね。そして、人命に関わる消防官としてSNSを活用するには、発信するにしても情報収集するにしても、情報の信頼性を高く保てる仕組みが必要であるということでよろしいでしょうか？

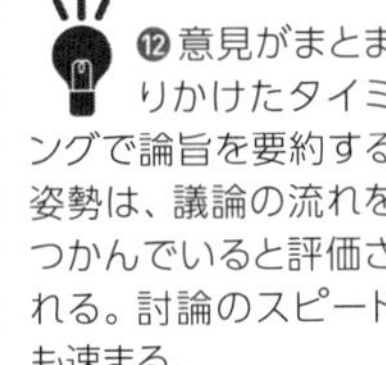
⑫意見がまとまりかけたタイミングで論旨を要約する姿勢は、議論の流れをつかんでいると評価される。討論のスピードも速まる。

全員 （全員が同意する）

A  タイムキーパーのDさん、最初の議題の残り時間はあと何分ですか？

D  ⑬すみません、3分過ぎてしまっています。次の議題に移りましょう。残り16分くらいです。

✕ ⑬タイムキーパーなのに時間管理ができていないのは、役割が果たせない人物とみなされる。自分から「そろそろ1つ目の課題をまとめませんか？」と議論を仕切る姿勢が必要。

B  わかりました。では、1つ目の課題は先ほどのEさんのまとめでいいですね。次は、「防災・防火活動にSNSを使う場合の課題」ですね。どんな課題があると思いますか？

C  先ほどの話題の続きになりますが、やはりSNSを利用する際のルールが課題だと思います。Bさんもおっしゃっていましたが、防災・防火活動では信用性の高い情報が求められますよね。リアルタイムで情報が流れるSNSでは、最初に考えないといけない問題ですよね。

D  同感です。SNSを通じて消防署から防災・防火活動の情報が流れてきたら、その情報の信頼性を確かめたりしないで、鵜呑みにして行動してしまいそうです。

B  私はコミュニケーション学を学ぶゼミに所属していて、そこで資料として読んだのですが、SNSで公共機関を名乗った発信元からの情報は、個人名発信の情報より信頼度が高いと受けとる側に認識されるという実験結果がありました。SNSの場合、何らかのミスで公共機関から間違った情報が発信されると、リアルタイムに情報が拡散していくので食い止めるのはなかなか難しいものがあります。根拠のないデマにしても、拡散を食い止めるのは難しいです。

C  ⑭それはSNSを利用した犯罪ですよ。私の友人の実家も震災に遭って……（2分程度、友人の話が続く）。
……なるほど。消防官を志望している身としては、防災に活用する場合でも、SNSの利点や欠点についてしっかり勉強しておかないとダメですね。

✕ ⑭感情的な発言はマイナス評価。後ろ向きな発言に同調するばかりでは、社会性が低いと評価されることもある。

B  ⑮ではみなさん、ほかに課題は何かないでしょうか？

○ ⑮議論参加者全員に発言を引き出す姿勢が、司会として評価できる。

E  SNSはたしかに便利な情報ツールですが、そこからこぼれ落ちる情報弱者にも防災・防火の情報は必要ではないですか？　たとえば、スマートフォンを持たないお年寄りや子どもとか。

A  たしかに、SNSが便利だからこそ利用していない人へのケアは重要ですね。⑯今のところ、SNSを防災・防火に有効に活用する条件として、情報の信頼性の確保とSNSユーザー以外へのケアの2点が挙げられています。これ以外に意見のある方はいませんか？

○ ⑯Eさんの発言を要約し、議論の流れをよくする姿勢でプラス評価。

B  進化途上の情報ツールなので、情報の信頼性をどう担保するかなどは、今後の課題だと思います。⑰一部のSNSでは、そうした取り組みも行われていますが、そもそもSNSが一般に認知され始めたのは10年ほど前からで…。

× ⑰Bくんは、SNSに関する知識は豊富。しかし、今までの発言を見ると、SNSへの学問的なアプローチへの情熱はあっても、消防官への思いはあまり感じられない。趣旨をはき違えたうんちくを繰り返すのもよくない。

A  Bさんに挙げていただいたように、便利な反面、課題は多そうですね。⑱ただ、時間もあまりないので意見を集約しませんか？　私はこの議論での意見は大きく2つに分類できると思います。1つ目は、SNSに流れる情報の信頼性をどう確保するかです。2つ目は、SNSユーザー以外へのケアです。スマートフォンとSNSはたしかに便利な情報ツールです。だからこそ、情報収集においてはSNSを使える人と使えない人との差は大きくなってきているように思います。⑲ただ、公務員である消防官としては、すべての人に対して平等に役立たなければなりません。Eさんの意見にあったように、SNSを使わないお年寄りなどが取り残されることのないよう、SNS以外の方法を含めた情報伝達を工夫するべきだと思います。SNSは防災・防火にも大いに役立つと思いますが、この議論で出た2つの課題には常に留意する必要があると思いますが、どうでしょうか？

⑱論点がズレた議論を終わらせて、出された意見を要約し、流れをまとめたのは高評価。

○ ⑲SNSを使用していない人への配慮を、公務員という高い視点からの意見として、みんなにわかるように説明したのは評価される。

全員　（全員納得してうなづく）

B  ⑳別の観点になってしまいますが、SNSは災害発生時の現地情報の収集にも役立てることができると思います。というのも……（説明が続く）。

× ⑳時間が終わるのに新たな論点を挙げているのは、司会担当のBくんは議論が見えていない証拠。大きなマイナス評価。

討論のまとめ　制限時間内に意見をまとめる意志を持とう

暴走タイプのBくんが、意見を展開する集団討論になってしまいました。Bくんが議題に対して知識豊富だったこともあり、そのアピールに時間を失いました。そのため論点が定まらず、意見の多様性にも欠け、議論を深めてまとめることができませんでした。さらに、タイムキーパーのDくんも時間を管理できず、個々には議論を戻す努力が見られましたが、まったく協力しない受験者もいて、グループで時間内に結論を出すという意志に欠け、時間内で意見がまとまらないという結果になってしまいました。

ポイント　集団討論の失敗で合格も遠のく

集団討論の大前提は、時間内に意見をまとめ、結論を見い出すことです。そのため今回の討論は失敗です。しかし、制限時間と議論の流れを意識していたAくんは、暴走タイプのBくんをやんわり止めて議論を進行させる対応が適切でした。そのため、時間内に議論がまとまらなくても、Aくんだけを通過させる可能性があります。「消防官として住民と接する際も適切な対応ができるだろう」と面接官が評価できる人物が、集団討論を通過しやすいのです。

●総合判定

通過の可能性大。暴走する人の止め方もうまく、時間や議論の流れに留意していた。ほかのメンバーと協力して早めに止められればさらによかった。論理性・指導性ともに高評価。

(司会) 不採用。知識は豊富だが、司会にも関わらず自分の話が多く、議論の進行に留意していない。自己中心的な印象。

不採用。発言は多いが、内容が感情的になることがマイナス。

(タイムキーパー) 不採用。与えられた役割をまったく果たしていなかった。

(書記) 場合によっては通過の可能性あり。後半は意見をまとめるなど、議論進行への貢献度が高かった。

不採用。黙っているだけでは、評価の対象にもならない。

テーマの定義づけによる成功例（集団討論②）

■ テーマの中で共通認識が持ちにくい議題を早めに定義づけして、何について討論するのかを決めると時間内に結論まで持っていきやすい

何について討論するのか明確にして成功した！

もう1つの集団討論の具体例を参考にして、集団討論の要点を押さえていきましょう。「討論する議題の定義づけ」と「討論の流れをつくる」というポイントで成功した例です。

受験生6名

課題用紙

『大規模災害から住民を守るために、消防の活動で大事なことは何か？　またその課題は何か？』

開始10分で課題について各自検討して持論をまとめ、残り40分間で全員参加の討論を行ってください。

集団討論開始

A  ❶まず討論中の役割と時間配分を決めましょう。いかがですか？

(タイムキーパーはFくん、書記はCさんが立候補)

B 司会は誰がやりますか？　どなたか立候補したい方はいらっしゃいますでしょうか。

(それでも立候補なし)

A  ❷では、司会は私がさせていただきます。よろしいでしょうか？

全員 (全員異議なし)

A  ❸まず、時間配分を決めたいと思います。課題が2つありますので、1つの課題について、15分で意見を出し合って残り5分でまとめるのは、いかがでしょうか？

全員 (全員、同意する)

A  では始めましょう。❹まず、私から発表しますね。大規模災害時に、消防として何ができるかといえば、まず直接的な消火・救急・救助活動ですよね。特に大震災だと、一度に多くの場所で負傷者が出るでしょうから、迅速に対応することが大事になってくると思います。

F  私は住民を守るという観点からすると、災害が発生する前の防災活動やその広報、避難訓練などもとても大切だと感じます。❺私自身、アルバイト先の書店で消防署の方の指導に沿って避難訓練に参加したことがあります。参加してみると、とっさのときにどう行動すべきか、意外にみんな知らないということを感じました。定期的に避難訓練を行うことは、とても大切だと思います。

A  たしか❻過去のビルの火災でも、防火扉の前に荷物を置いていて作動しなかったケースやスプリンクラーの数が足りなかった例もあったと思います。避難訓練だけでなく、日頃から防災意識を高めてもらう啓蒙活動も大切ですね。

D  大災害というと、大きな台風や火山の噴火などもありそうですね。❼体験してないからわからない部分が多いですけど。災害からの避難誘導は、消防官自身も危険な地域で活動することになるのでしょう。少し怖いです。

〇 ❶討論をすすめる前に、役割と時間配分を決めると議論がすすめやすい。

〇 ❷司会を引き受けることに参加者が消極的な中で、Aくんの積極性はプラス評価。

〇 ❸討論の進行や時間配分を示すのは、いい提案。参加者全員で意思統一が図れる。

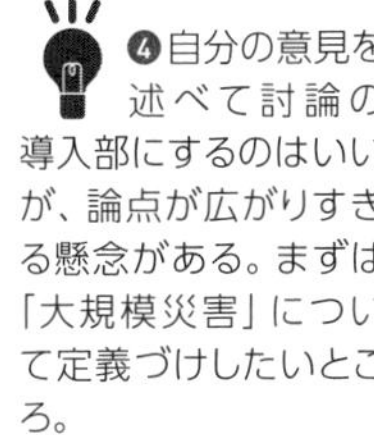
❹自分の意見を述べて討論の導入部にするのはいいが、論点が広がりすぎる懸念がある。まずは「大規模災害」について定義づけしたいところ。

〇 ❺避難訓練が大切な理由を実体験とともに説明している点が、論理的に話をできるということで評価される。

〇 ❻「ビル火災」という具体例で説明することで、説得力がある発言になる。

✕ ❼「体験していないからわからない」「怖い」とネガティブな発言が続くと、協調性がなく後ろ向きと受け取られ、いい印象を与えない。

B  そう言われてみれば、噴火があったら消防官としてどんな活動が考えられるんでしょうか……？

F  すみません、タイムキーパーのFです。❽1つ目の意見出しの時間は、残り10分です。議論の内容が少し広がりすぎていると思うので提案なのですが、一度、話し合う内容を絞り込みませんか。「大規模災害」という課題は幅広く受け取れます。❾すべてを検討すると時間が足りないので、「大震災と大津波」に絞って議論をすすめたほうが結論を出しやすいと思うのですが、いかがでしょうか？

○ ❽タイムキーパーとして、時間内に討論をまとめられるように積極的に貢献している。主体性を評価される。

○ ❾あいまいだったテーマが定義づけによって明確になった。集団討論は時間の中で意見をまとめるために、早めに定義づけることを意識する。

全員　(全員納得し、同意する雰囲気)

A  ❿Fさん、ありがとうございます。たしかに検討する内容を絞り込んだほうが議論がスムーズに進むと思います。みなさん、議題の「大規模災害」は、「大地震や大津波」と定義づけて議論をすすめていいですか？

○ ❿司会のAくんが、討論があいまいになりそうな所をタイミングよくまとめた。タイミングのよさは、指導力があるという評価を得やすい。

全員　(全員同意する)

A  では改めて、大地震や大津波から住民を守るために消防は何ができるか、ほかに意見はありませんか？

中略

A　だいぶ意見も出てきましたね。みなさん、ほかに意見はありませんか？　⓫Eさんはどうですか？

E  ⓬みなさんがほとんど言ってくれたので大丈夫です。

○ ⓫Eさんの発言が少ないことに気づき、発言をうながした点は司会として高評価。

× ⓬発言が少なく、うながされても意見を述べないのはマイナス。

A  わかりました。
気づいたことがあったら遠慮なく発言してくださいね。

F  15分経過です。
そろそろまとめの時間です。

A  ⓭Fさん、ありがとうございます。では、まとめに入りましょうか。Cさん、今まで意見はいくつありました？

○ ⓭書記に確認しながら、よく議論を進めている姿勢は高評価。

C  (書記のCさんが、今までに出た意見を読み上げる)

A  ありがとうございます。大きく分けると……、3つですかね。これを1つ目のテーマの回答としてよろしいでしょうか？

全員　(全員賛同する)

A  では続いて、2つ目のテーマ、大規模災害から住民を守る活動における課題について議論をすすめたいと思います。

F  ⑭残り時間が18分なので、12分で意見出しを行って、5分でまとめるということですすめましょう。

全員 （全員賛同する）

A  では、みなさん、どんな課題がありますか？

C  ⑮提案なのですが、ぱらぱらと意見を出してもまとめにくいと思うので、さっきの1つ目のテーマの答えに沿って、それぞれの課題を考えるのはどうでしょうか？　たとえば事前の防災活動だと、1つには、いかに多くの住民に避難訓練に参加してもらうかが課題だと思います。

全員 （全員納得した様子）

A  なるほど。では、1つ目の回答に沿って課題を挙げていきましょう。まずは防災活動について、どうでしょうか。

F  ⑯避難訓練だと、住んでいる地域だけでなく、多くの企業や大規模施設に参加してもらうことも大事ですね。

B  ⑰企業だとなかなか参加してくれない印象ですよね。個人でもそうですけど……。やっかいだな。

D  ⑰啓蒙活動も難しいですよね。災害の発生する前の平穏なときだと、学校や商店街などの団体以外では、消防の話なんて興味持ってくれなさそうですよね……。

C  ⑱たしかに、平時に啓蒙活動を行うときの方法論は考える必要がありそうですね。住民との接点を増やすためにSNSを上手に活用するとか、手軽に知識が得られるよう工夫するとか。

A  ありがとうございます。時間がないので、少し急ぎましょう。次は津波などからの避難誘導の課題について、何か意見がありますか？

中略

A  では最後に、大災害時の直接的な消火・救急・救助活動について、どんな課題が考えられますか？

C  連絡網や指示系統を整備しておくことは重要だと思います。特に大災害時には停電もありますし、防災拠点になるはずの消防署自体が被害を受けて活用できない可能性もありますから、欠けた部分をどのように補って、連絡や指示を伝えていくかというのも課題ですね。

〇 ⑭残り時間を伝えるだけでなく、時間設定を仕切り直した。柔軟に時間の使い方を提案している点で印象がよい。

〇 ⑮課題の考え方を提案することで、討論の流れをつけた。また、自ら明確な意見を述べて、議論をうながし、協力する姿勢が高評価。

〇 ⑯自分の意見とその理由を簡潔に述べている。Fくんはタイムキーパーだが、討論に積極的に参加している姿勢がよい。

✕ ⑰後ろ向きな発言は、いい印象を与えない。Bくんの後ろ向き発言に、Dくんも乗ってしまった。Dくんもマイナス評価。

〇 ⑱Bくん、Dくんの意見を直接否定せずに、前向きな課題としてとらえ直した対応は好印象。Cさんの発言は、ポイントをついた内容や前向きな姿勢がプラス評価。

○ ⑲終了時間が迫っている中、時間を認識するようにタイミングよくアナウンスする積極性が高評価。

F  ⑲そろそろまとめの時間です。

A  では、最後に何か意見はありますか？　Eさんはどうですか？

E  みなさん、すごいですね……。私も、しっかりした事前計画や訓練は大切だと思います。

A  ありがとうございます。それでは、まとめましょう。Cさん、課題として出た意見を読み上げてもらえますか。

C  （書記のCさんが、出た意見を読み上げる）

A  ありがとうございます。では、全体をまとめると、1つ目のテーマについては、大規模災害を大震災と大津波に限定して、「事前の防災活動」「避難誘導」「直接的な消火・救急・救助活動」の3つ。そして、2つ目のテーマについては、事前の防災活動については○○○と○○○、避難誘導の課題については○○○と○○○、直接的な消火・救急・救助活動についての課題は○○○と○○○。⑳ということでよろしいでしょうか？

○ ⑳司会としての最後のまとめを行いながら「ということでよろしいでしょうか」とみんなに確認をしている点が、協調性を感じさせてよい。

全員　（全員が同意）

A  みなさんのご協力で時間内にまとまりました。ありがとうございました。

全員　ありがとうございました。

集団討論ではまわりの採用担当を説得する、という意識を持つことが大事。討論の最後に結論を出すわけですが、実際に行動できる現実的な施策となるようにしましょう。その施策をすることのメリット・デメリット、しない場合のメリット・デメリットなどを話し合い、話題を絞り込んでいき、最後にその話題が是か非かに持ち込みます。そしてメリットが多いのならば、それを採用、といったように進行すると、採用担当に対して非常に説得力があります。

議論をまとめようとする全員の意識が大事

議題の「大震災等による大規模災害」は、さまざまに解釈できるあいまいなテーマで、議論が広がりすぎる可能性があります。そこでテーマを「大震災や大津波」に絞った定義づけが議論をまとまりやすくしました。集団討論には時間制限があるため、時間をうまく配分しながら議論をすすめなければなりませんが、タイムキーパーや司会者だけの努力では難しいものです。各人が時間配分に気を配り、広く意見を出し合い、公平に意見をまとめるなど、参加者全員が協力する姿勢が出た、よい集団討論の例でした。

ポイント　テーマを明確にし、時間を意識するのが成功の秘訣

意見を出し合うときに、参加者の認識が揃わないで話題が拡散しそうになったり、後ろ向きな発言で盛り上がりそうになったりしました。また、時間が足りなくなりそうだった点は危ないところでした。

しかし、司会やタイムキーパーが時間配分を意識しながらすすめ、書記が議題を定義づけすることで、時間内にうまく意見をまとめられました。このような集団討論を目指しましょう。

●総合判定

（司会）採用。司会として議論の流れをつくる適切な言動が多い。

不採用。後ろ向きな発言が目立った。

（書記）採用。テーマの定義づけを意識した姿勢が高い評価。書記としての見本となるような仕事ぶりだった。

不採用。発言の理由が不明瞭で、後ろ向きな発言が目立った。

不採用。発言がまったくないのは評価にあたらず。

（タイムキーパー）採用。タイムキーパーとしての時間管理のみならず、議事進行に積極的に貢献していた。

集団討論で使える フレーズ集

■ 黙っていては評価を得られないと心がける
■ 局面ごとのフレーズをしっかりと覚えておくこと

フレーズを知って発言を増やす

集団討論の場で極端に発言が少ない、あるいはまったく発言しない受験生が見受けられるのが実状です。当然、それでは評価を得られず、合格を勝ち取れるはずがありません。とはいえ、やみくもに発言すればよいわけではなく、**話し合いを一つの結論に導くという本来の目的を忘れてはいけない**のも、また事実です。ここでは、討論の局面局面で流れに沿って使える、いくつかのフレーズを紹介します。これらを覚えておけば、おのずと発言数を増やすことができ、また討論をスムーズにすすめる役にも立ちます。

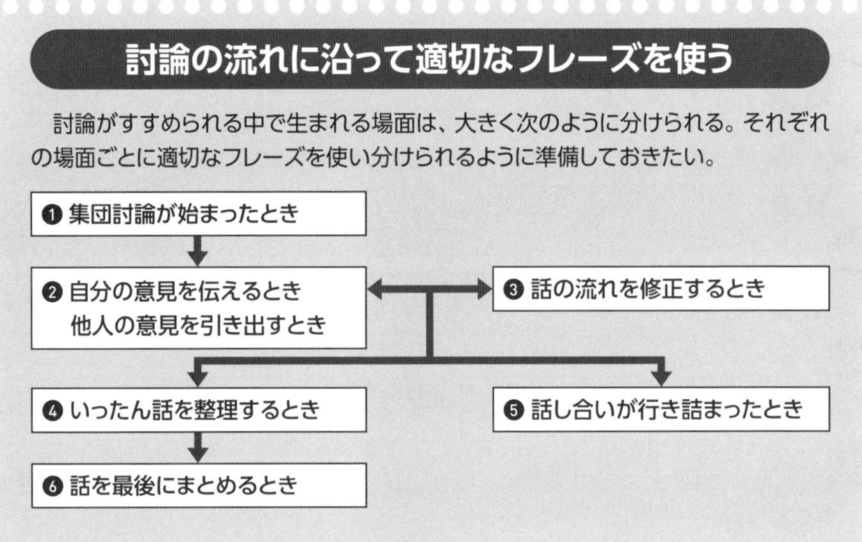

討論の流れに沿って適切なフレーズを使う
討論がすすめられる中で生まれる場面は、大きく次のように分けられる。それぞれの場面ごとに適切なフレーズを使い分けられるように準備しておきたい。
❶ 集団討論が始まったとき
❷ 自分の意見を伝えるとき
他人の意見を引き出すとき
❸ 話の流れを修正するとき
❹ いったん話を整理するとき
❺ 話し合いが行き詰まったとき
❻ 話を最後にまとめるとき

1 集団討論が始まったとき

まずは自己紹介から始めましょう

誰かが話し出すのを待つより、勇気を出して口火を切ってみよう。自己紹介の際に全員の名前を控えておけば、ほかの受験生に呼びかけるときに惑わない。

よろしかったら、私が司会を担当したく思います

司会役を希望する場合、こうして自ら切り出せば、ほぼすんなり決まる。

どなたか、○○を担当していただけませんか？

司会、書記、タイムキーパーを誰かほかの受験生に頼みたい場合に使う。

このテーマに私は詳しくないのですが、どなたか詳しい方がいたら、ポイントを少し教えていただけませんか？

まったく明るくないテーマが出題された場合、こうして基礎知識の提示を求めることで、その後の話し合いに加わっていけるようにする。

2 自分の意見を伝えるとき

○○であると思います。そのように思う理由は2つあります。まず……。次に……

伝え方一つで印象や説得力が大きく変わる場合も。先に結論を述べてから理由を付け加える論理的な話術を身につけたい。

私もAさんの意見に賛成です。△△だから、□□だと考えます

自分が言うつもりだった意見を先に言われても、意見を変えることはない。同じ意見でも自分なりの理由を述べよう。

他人の意見を引き出すとき

Bさんは、これについてどのように思いますか？

発言の少ない人に意見を求めるときは、相手の言葉に「なるほど」と相づちを打つと相手は発言しやすくなる。

Cさんの意見はとてもよいですね。それに付け加えて、このようにも考えられるのではないでしょうか。なぜなら……

他人の意見をさらに発展させる場合は、元の発言者の名前を加えることで相手の心証もよくなる。

3 話の流れを修正するとき

Aさんの意見に、私は基本的には賛成です。ただ、△△という点については、□□という意見です。▲▲では■■だと思うからですが、いかがでしょうか？

ほかの受験生と意見が食い違った場合は、真っ向から論を闘わせず柔らかく否定する。ただし、なるべく他者の意見を否定しないに越したことはない。

なるほど。Bさんは○○という意見をお持ちですね。たしかにそういう考えもあると思います。ただ、△△というテーマからは少し離れたように思いますが、いかがでしょう？

テーマからズレた意見をやんわりと否定し、話し合いの方向を戻す際はこのようにする。あからさまな否定とは違い、相手も強く否定されたと感じない。

はい。よくわかります。そういった意見もたしかにあるでしょう。ただ、今はできない理由を考えるより、どうやったらできるかを一緒に考えませんか？

反対意見や「それは不可能」といった後ろ向きな発言が続く場合もある。そんなときに建設的な話し合いに戻すためのフレーズ。否定を続ける人の話が途切れるタイミングを見計らって、「はい」と手を挙げてから切り出す。

4 いったん話を整理するとき

みなさんの発言を整理すると、3つの大きなポイントがあると思います。まず○○、次に□□、そして△△です。みなさん、いかがでしょうか？

話を整理するときは、大まかに分けて「ポイントは○点」と提示して、それぞれの要点を改めて紹介すると、ほかの人も考えを整理しやすくなる。

なるほど。今の発言は、○○は□□である。その理由は△△ということでよろしいでしょうか？

他者の発言がわかりにくいときは、わかりやすく言い直して全体に伝えよう。

5 話し合いが行き詰まったとき

すみません。具体的には、どういうことですか？　もう少し具体的に考えてみましょう

あいまいな表現ばかりする人もいる。要領を得ない発言の際には、具体的な例による説明を引き出して、話し合いを前にすすめるように努める。

現在、○○が成り立つかどうかで話し合いが膠着してしまっています。時間も限られていますので、○○が成り立つケースを仮定してみませんか？　そのうえで時間が残ったら、成り立たないケースを考えてみましょう

与えられた時間内に結論を導き出すことも重要なポイント。それとなく時間が経過していることを伝えて、議論をまとめるよう全体にうながす。

6 話を最後にまとめるとき

あらかた意見が出尽くしたようですね。何か言い残したことがある方は、発言をお願いします

新たな発言が出なくなり、時間が少し余ったときや結論となる意見がほしいときは、改めて全体に発言をうながす。そうすることで沈黙を防げる。

これまでの討論をもう一度、整理してみましょう。まず……

課題によっては、討論の結果を最後に発表する必要があることもある。きちんと話を整理しておくことによって、スムーズに発表できるようになる。

みなさん、お疲れ様でした。ありがとうございました

ごく常識的なあいさつのフレーズではあるが、自分から発言することが大事だ。

これらのフレーズを実際に口に出して練習しましょう。一つでも多くのフレーズを理解しておくことで、討論の場でいざというときに自然な言葉を発することができます。しっかり自分の言葉として身につけておいてください。

Column 8

グループワークと集団討論

グループワーク（GW）とは、選考対象となる学生がいくつかのグループに分けられ、出されたテーマに対してグループ全員で考え、何かをつくったり、結論を出したりするもの。集団討論と同様、グループのメンバーで役割分担を決めて協力しながら行うので、事前の対策も集団討論とあまり変わらないと考えてよい。ただ、GWは実際に手を動かして作業することが多く、小道具などを使うこともあるので、手先が器用な人が有利。不器用な人は、まとめ役などになるといいだろう。採用側がGWを行うのは、協調性や積極性、コミュニケーション能力、創造力、あきらめずに最後までやろうとする意欲などを見るためだ。ゲームのように取り組めるので、楽しく感じることもあるかもしれないが、当初の目的を忘れないように気をつけよう。

集団討論との共通点

❶ 事前にテーマが与えられる。

❷ 協調性を見ている。

❸ 積極性を見ている。

❹ コミュニケーション能力を見ている。

❺ 結果は大した問題ではない。

集団討論との相違点

❶ 何らかの形になるものをつくる場合が多い。

❷ 3〜4人のグループに分けられる。

❸ グループとグループでの話し合いがある。

❹ 時間は30分〜1時間と長め。

❺ 最後にワークの結果をプレゼンすることがある。

Chapter 8

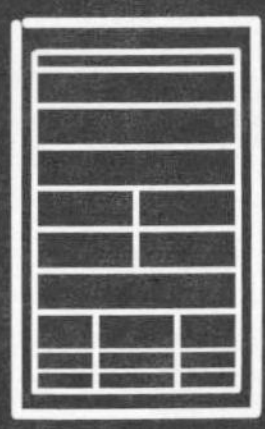

魅力的な面接カードの書き方

面接カードは、質問項目に対して回答を記入し、面接の前に提出しておくものです。面接官はこのカードを見ながら、興味を惹かれた点や気になる点を質問してくるため、自分をアピールするきっかけにもなります。魅力的な面接カードの書き方を学びましょう。

読みやすい面接カードにする

■ 数多くのカードを読む面接官にとって読みやすいものを心がける
■ 4つの記入テクニックを念頭に読みやすい面接カードをつくる

すぐに内容を理解できる読みやすいカードを目指す

面接カードは、実際の対面を前に面接官が受験生の基本情報を得るためのツールです。このカードを土台に面接はすすめられるので、カードの書き方、何を書くかが重要になってきます。面接カードを書く際に忘れてはいけないのが、面接カードをたくさん読む面接官はかなり疲労するということです。そこで分かれ道になるのが、さっと目を通すだけで要点が伝わる面接カードになっているか否かです。**どう書いたら読みやすいか？　どのようにまとめたら、あなたの人柄やアピールポイントを理解してもらえるか？　カードを読む面接官の立場で考えてみましょう。**

ここでは、読みやすく理解しやすいカードの書き方として、以下の4つの記入テクニックを伝授します。これらの記入テクニックを身につけ、面接官が理解・納得しやすく、そして自分の思いや経験を十分に伝えられるようにしましょう。

面接カード記入のテクニック

テクニック① 結論から書く	テクニック③ 一文一意にする
テクニック② 具体例を使って説明する	テクニック④ 読みやすく書く

テクニック① 結論から書く

面接時の回答と同様に、面接カードに記入するときも設問への結論から先に書きます。志望動機欄を書く場合を具体例に、ポイントを押さえましょう。

具体例 志望動機を書く場合

Before

❶私は働くうえで、世の中の役に立つ仕事をしたいです。火災のニュースを見るたびに、被害に遭った方たちのことを考えて心が痛みます。❷私が消防隊の一員に加わり、迅速な消火・救助活動に貢献できるように訓練を積み、少しでも被害の拡大を防ぐ役に立ちたいです。

❶ 先に前置きが来ている

❶の内容は、「なぜ消防官になりたいのか」という動機を説明する前置きに過ぎない。これでは回りくどく、言いたいことが伝わりにくい。

❷ 設問に対する結論が後回しになっている

結論にあたるのは❷の部分。先に前置きがあることで、肝心な「このような理由で消防官になりたい」というメッセージが薄まってしまっている。

After

❶私が消防官を志望する理由は、火災による被害の拡大を少しでも防ぎたいからです。私は働くうえで、世の中の役に立つ仕事をしたいです。火災のニュースを見るたび心が痛みます。❷私が消防隊の一員に加わり、迅速な消火・救助活動に貢献することで、少しでも被害の拡大を防ぐ役に立ちたく、消防官を志望します。

❶ 冒頭で結論を述べている

最初に「なぜ消防官になりたいのか」という理由を述べたことで、伝えたい内容がはっきりとした。そうすれば、面接官も質問がしやすくなる。

❷ まとめの文を最後に入れる

最後にまとめを一文で入れているので、結論がさらに強調される。冒頭で述べた内容と結論がズレないように気をつけよう。

テクニック② 具体例を使って説明する

説得力を高めるためには、具体例を使って説明することが必須です。具体例が添えられていれば、カードに書かれた内容や思いが伝わりやすくなります。自己PR欄を例に、具体例があるものと、ないものを見比べてみましょう。

具体例 自己PR欄を書く場合

Before

❶私は日頃から、何事に対しても粘り強く改善を試みることを心がけています。その粘り強い姿勢が私の強みです。やはり何事をなすにも、まずは粘り強く取り組むことが必要だと考えています。また、ただ粘り強いだけでは、単に我慢強いだけになってしまいます。我慢強いだけではなく、常に改善を試みてこそ、状況がよくなっていくのだと思います。消防官になっても、粘り強く自分の課題に取り組み、常に改善を心がけることで、全体の役に立てるようになりたいです。

❶「姿勢」を説明しているだけで、具体性がない

これでは、「粘り強く改善を試みる姿勢」について説明しているだけに過ぎない。面接官が知りたいのは、「粘り強く改善を試みる姿勢」と「我慢強さ」の違いではなく、その姿勢を受験生が本当に持っているのかどうかである。具体性が伴わなければ、受験生が「粘り強く改善を試みる姿勢」が大事だと考えているとはわかっても、その姿勢で実際に仕事に取り組むものかは確信できない。

あなたの体験談こそが、具体例として回答案づくりの基になります。Chapter3を参考に、その体験談を必ずリストアップしておきましょう。「たいした体験談がない…」と悩んでしまう人は、「面接では使えないのでは？」と思う程度の体験談も書き出してみること。リストアップしてから、どうにかならないものかと考えていると、実は意外にも使える体験談だったと気づくことがあります。ネガティブな思い込みで、伝えるべき体験を埋もれさせてしまわないようにしてください。

After

私の強みは、何事に対しても粘り強く改善を試みる姿勢です。❶2019年10月に令和元年東日本台風が発生し、私は少しでも被災者の方たちの役に立ちたいと思い、大学の休みの期間を利用して現地でボランティア活動に参加しました。ただ、体力に自信があったわけでもなく、足手まといになりはしないかとも思いました。しかし、事前の研修と実地での指導を受け、できることからきちんとやることの大切さを身をもって学びました。取り組むうちに体力も備わってきて、最初はきついと感じた力仕事にも率先して参加するようになりました。

互いに協力し合った仲間たちとも友情が生まれ、❷何よりも被災者の方たちが少しずつ笑顔を取り戻していく姿を見て、改めて社会の役に立ちたいという思いを強くしました。今後も粘り強く改善を試みる姿勢を大切に消防官として人のために役立てるよう努力を続けていきます。

❶ 強みが発揮された体験談を具体例に用いている

どのような不安や困難があったのか、それに対してどう向き合って乗り越えていったのかが、具体的に述べられているので現実味がある。

❷ 消防官の仕事につなげてまとめている

消防官になりたい思いや、どのように自分の強みを仕事に活かそうと考えているのかを、記入欄の最後で伝えている。

CHECK 思いが伝わる具体例の条件

面接では具体例が効果を発揮する。思いが伝わる具体例の条件は、以下の通り。

□ 5W1Hを意識する

いつ(When)・どこで(Where)・誰が(Who)・何を(What)・なぜ(Why)・どのように(How)という6つの要素を示すことを意識して説明する。

□ 時系列に沿って書く

事実を時系列で書けば、「何が」「どうなったのか」が読み手に伝わりやすい。

□ 他人の「声」を使う

体験談に他人が登場すると、そこに客観的な視点が加わるため具体例が伝わりやすくなる。「○○さんに○○と言われ」という他人の声は、証言としての威力を持つ。

テクニック③ 一文一意にする

面接カードの文章があまり長いと読みづらく、かえって伝わりにくくなります。1つの文で伝えることは1つに意味を絞り、短く簡潔にまとめるようにしましょう。それでは、自己PR欄の具体例を書く場合を考察します。

具体例 自己PR欄（具体例のみ）を書く場合

Before

❶最初は打ち解けてもらえず、呼びかけても返事をしてもらえませんでしたが、表情を見ながら親身に教えるようにしたところ、塾を気に入ったと保護者の方から連絡をいただき、とても安心しました。

❶一文に4つの意味を入れている

この例では、「打ち解けてもらえなかった」「返事もしてもらえなかった」「表情を見ながら親身になって教えるようにした」「塾を気に入ったとの反響を聞いて安心した」という4つの意味が一文で述べられている。これでは、どこに話の中心があるのか、どの点をもっとも強調したいのかが伝わらない。しかも、全体的に主語と述語が欠けていて、なおさら内容が伝わりにくくなっている。

After

❶最初は、生徒に打ち解けてもらえませんでした。呼びかけても返事をしてもらえないほどでした。❷そこで、私は生徒の表情を見ながら親身になって教えるようにしました。結果、生徒が塾を気に入ったと保護者の方から連絡をいただき、とても安心しました。

❶一文につき、一つの意味になっている

4つの意味（要素）ごとに、文章を1つずつに分けている。そうすることで起承転結がはっきりとし、全体として話が伝わりやすい。

❷時系列で説明され、主語述語も加わっている

話の転換点で、接続詞（「そこで」）が効果的に使われている。また主語と述語が入り、「誰が何をしたのか」が明確に示されているので、読み手が深く読み込むまでもなく、話の内容を把握することができる。

テクニック④ 読みやすく書く

目立つことを重視して、面接カードを読みにくいものにしてしまう受験生がいます。そのような面接カードは、面接官にとっては単なる配慮の欠けたカードです。軽く目を通すだけで内容が伝わる、読みやすい書き方をすることが理想です。そのためには、以下に挙げる5つのポイントがあります。

●読みやすく書くための5つのポイント

- **ポイント1** 余白を少し残す
- **ポイント2** アンダーラインを上手に使う
- **ポイント3** とにかく丁寧に書く
- **ポイント4** 改行ができるようであれば、改行をうまく使う
- **ポイント5** いくつか挙げるときは、箇条書きにしたり、番号を振ってもよい

具体例 学生時代の一番の思い出を書く場合

×NG例 細かい文字で記入欄いっぱいに書いてある

副主将を任された大学3年次のサークル活動です。というのも、サークルの登録メンバーは50人以上いましたが、練習やイベントに参加するのは10人程度で、連帯感が薄い状態だったからです。私はなんとかしてメンバーの参加意識、連帯感を高めたいと考えました。そこで、役職者と協力して、隔週でサークルのイベントを企画することにしました。また、レベルごとの練習メニューを導入することにも力を入れました。その結果、練習やイベントに参加する人数が増え、サークルの活発化に貢献することができました。

小さすぎる文字で記入欄がびっしりと埋め尽くされている。読みにくいという以前に読む気がしなくなり、むしろ逆効果になる。

○OK例 余白を残し、うまくアンダーラインを使っている

副主将を務めた大学3年次のサークル活動です。メンバーの参加意識、連帯感を高めるために、役職者と協力して、①隔週のイベントの企画と②レベルごとの練習メニュー導入に力を入れました。その結果、練習やイベントに参加する人数が増え、サークルの活発化に貢献できました。

余白を残しながら、ほどよい大きさの文字で丁寧に書かれている。また、冒頭の結論部分にアンダーラインが使われていて読みやすい。

5つのポイントすべてを兼ね備えようと意識しすぎると、かえってゴチャゴチャしてしまうこともある。見た目に"読みたくなる"バランスを心がけましょう。

自己PR欄の記入例

使命感の強さという特性について書いた例

使命感の強さが私の強みです。大学で所属した野球部では、3年次から学生トレーナーを務めました。❶ 負傷選手のケアはもちろん、負傷を未然に防ぐため練習環境の整備にも配慮するのがトレーナーの務めです。❷ その責務に強い使命感を持って臨み、負傷の回復が思わしくないのに無理をしようとする選手には毅然とした態度で指導にあたり、負傷の悪化を防いできました。こうした経験を活かし、消防官としても救助活動や被害の拡大の防止に務めることを使命とし、市民のみなさんのために働きたいです。

ココがGOOD!

❶ 消防官の仕事と共通点のある具体例になっている

他者や状況に配慮し、負傷の悪化（被害拡大）を防ぐという点で、消防官の任務に通じる具体例を挙げており、説得力が高まっている。実際のケア内容については、伝えるべきこととズレるので細かく説明する必要はない。

❷ 特性を活かし、実際に行動した内容を簡潔に述べている

特性を説明するためには、具体例（体験談）が必要になる。実際に取った行動の内容や、その行動を起こす原動力となった気持ちが「使命感の強さ」という特性のアピールに重なり、うまくつながっている。

こんな質問に備えよう!

困難だったことには、どのように対処しましたか？

「いつ」「何をして」「誰が」「どうなったか」を具体的に答えよう。たとえば、「はい、負傷の状態がよくならないうちにきつい練習をする選手がいたので、説得するのが大変でした。無理することが負傷悪化や別の箇所に負担をかけることにもつながり、回復を遅らせる危険性を説き、慎重に復帰を目指すように諭し、別メニューで組んだ練習にも付き合いました。結果、その選手が負傷前の能力を取り戻す手助けができたので、周囲からも信頼を得られました」など。

複数の特性をアピールした例（社会人の場合）

私が消防官の任務に活かせると考える強みは2つあります。❶まず、1つ目が、緊迫した場面でも冷静かつ客観的でいられることです。この強みを活かすことで、意見の衝突で感情的になった議論を軌道修正する役割を現在の職場では何度となく果たしてきました。もう1つが、体力に自信のあることです。小学生の頃に剣道を始めて中学と高校では剣道部に所属し、❷現在も町道場で週2回の稽古に参加しつつ、個人的にも毎朝500回の素振りなど自主練習を欠かさず、市民大会や道場対抗戦などにも出場しています。この強みを今後は消防官の任務に活かし、火災から市民の方々の命と財産を守る役に立ちたいです。

❶ アピールのバランスが取れている

冷静で客観的なことは、燃え盛る火の中や、パニックに陥っている人を前にしても、消防官として適切な行動を取れそうな印象を与える。また、体力に自信があることも伝え、頭でっかちでないことをアピールしている。

❷ 過去の体験だけでなく、現在の行動も記している

「毎朝500回の素振り」など実行中のことが添えられていて説得力が高い。「日頃から運動しています」といったあいまいな記述が多くならないように気をつけよう。

どのようにして、感情的になった議論を軌道修正しましたか？

どのような局面で、どのように対処したのかを具体的に伝えること。たとえば、「はい、私は宣伝部に所属していましたが、あるとき新商品のPR方法をめぐって部署内で2つの案が対立して、どちらも譲りませんでした。その際、私が双方の相違点と共通点を把握して、着地点を見つけました」など。対立の原因がどこにあったかにも触れられると、さらに信憑性と説得力が増す。

志望動機欄の記入例

消防官の消火活動に興味を持った例

一般市民の命や財産を火災から守りたく志望します。
小学生の頃、通学路にあった消防署で、消防官の方たちが訓練している姿を目撃し、社会のために尽くす仕事に興味を覚えました。❶ ガスコンロの不始末やタバコのポイ捨て、寝タバコといった日常生活の中の不注意が火災の原因となるケースが少なくないことを知り、その後は火の扱いに気をつけるのはもちろん、道端に捨てられたタバコに火が点いていたら必ず消しています。

自分の将来を真剣に考えた結果、私は大学を卒業したら消防官になり、❷ 生まれ育ったA市のみなさんの命と財産を火災から守りたく志望します。

ココがGOOD!

❶ 具体例の内容が消防官の使命・職務に沿っている

具体例を述べていることで、日頃から消防官の使命や職務に適した行動を取っていることがわかる。頭で考えるだけでなく、実際に取っている行動にも触れているので説得力が増す。

❷ 受験先を選んだ理由にも触れている

冒頭に「一般市民の命や財産を火災から守りたく志望します」と理由を記し、「生まれ育ったA市のみなさんの～」と最後にまとめることで、受験先を決めた理由も明確になっている。

こんな質問に備えよう!

「自分の将来」を具体的にどのように考えましたか？

ストレートに回答すること。ただし、消防官のみを志望していることを伝えよう。たとえば、「はい、実は自分の進むべき道を決めかねていたので、民間企業への就職も現実的な可能性として考えてみました。ただ、民間企業の説明会に参加すればするほど、私が就きたいのは公に供する仕事であり、その中でも特に消防官になりたいという希望が明確になり、その気持ちが日増しに強くなっていったため、消防官一本で志望しようと固く決心しました」など。

火災現場に遭遇した体験を使った例

火災による被害の拡大を防ぎたく志望します。

幼い頃、近所に住む小学校の同級生の家で火災が起きました。友達が心配で恐る恐る様子を見に行ったところ、消防隊の方たちが手際よく消火活動をすすめ、すぐに火は弱まって、逃げ遅れていたおじいさんも救助されて友達の家族全員が無事でした。助かったことをよろこび合う友達一家の姿を見ていたら、感動が伝わって私も気づかぬうちに涙を流していました。友達の家族全員が無事だったことに安心するのと同時に、❶人の命や財産を守る消防官の任務の素晴らしさ、消火・救助活動にあたる消防官の方たちの勇気や責任感に強く胸を打たれました。

私も消防官になって、火災による被害の拡大を防ぎ、生まれ育ったA市民の生命と財産を守るために志望します。

❶ 志望の決め手がわかりやすい

消防官を志望するようになった理由が具体的に述べられていて、熱意が伝わりやすい。また、目撃談ではなく、周囲から聞いた話でも構わない。たとえば、「親戚の家が火事に遭ったが、駆けつけた消防隊が迅速に火を消し止め、延焼も起きず家の一部を改築しただけで済み、被害を最小限に防いでくれたことに感謝している、と叔母から繰り返して聞かされた。それがきっかけで消防官という仕事を意識するようになった」といった内容でもOK。

消防官に憧れる気持ちが強すぎるのではないですか？

憧れだけではなく、消防官を真剣に志望していることを伝えよう。たとえば、「はい、決して甘い気持ちで憧れているわけではありません。消防官の任務は、人の命や財産を守る重大なものであり、そのためには自分の身が危険にさらされることもあると認識しています。そのうえで消防官を強く志望します」など。

部活動・サークル活動欄の記入例

運動部に所属していた場合の例

中学、高校と陸上部でトラック競技に汗を流しました。❶ 個人種目でも努力しましたが、リレーなど団体種目に出場するときはさらに力が入りました。プレッシャーも感じましたが、よい経験になりました。

文化部に所属していた場合の例

高校で吹奏楽部に所属していました。初心者での入部だったので不安でしたが、❷ 先輩や経験者の同期生たちから親身にアドバイスを受けて溶け込めました。私自身も後輩には親身に接するように心がけました。

ココがGOOD!

❶ チームに対する責任感が伝わる

個人種目以上に団体種目でプレッシャーを感じた、という体験から責任感の強さが伝わる。個人種目に専念していた場合でも、「同じ種目の選手同士でフォームをチェックし合った」など協調性を伝える体験談を入れたい。

❷ 周囲への感謝と配慮が伝わる

親身にアドバイスを受けたので初心者でも溶け込めた、と周囲への感謝の念を表している。その経験を踏まえて自らも後輩には親身に接したと記し、親切を受けた分、他人にも親切にしようという素直な気持ちが伝わる。

こんな質問に備えよう!

大学でも陸上を続けようと思わなかったのですか？

「もう記録が伸びないと感じた」「単位取得と両立させるのが難しいと思った」といった後ろ向きな理由は避けよう。「高校まで思いきり打ち込むことができ、一定の満足感を覚えた。走ることは趣味として続け、大学では新たなことにチャレンジして視野を広げたいと考えた」など、前向きな理由が望ましい。

文化系サークルに所属していた場合の例

映画同好会に所属していました。❶ メンバーで役割分担して協力し合って自主作品を創り上げ、その過程で苦心したこともよい思い出です。

スポーツ系サークルに所属していた場合の例

大学でテニスサークルに所属していました。❷ 高校まで運動部に入ったことがなかったので、楽しんで続けられそうなサークルを選び、身体を動かすことが好きになりました。

ココがGOOD!

❶ 仲間たちと共同作品を創る過程を思い出に挙げている

メンバー同士で協力し合い、苦心しつつも一つの作品を完成させた充実感が伝わる。これが「学園祭で上映されたことが思い出」では、単に日の目を見たからよしとしようという結果オーライな印象を与えかねないから注意。

❷ サークルを選んだ理由と目標、結果がつながっている

「高校まで運動部に入ったことがなかった」という理由、「楽しんで続けたい」という目標、「身体を動かすことが好きになった」という結果が一体につながり、自分が思い描いたとおりに実行できたことを示していてよい。

せっかく好きになったことを、これからも続けたいですか？

就労後も趣味として続けたいならば、「身体を動かすことは健康の維持や体力強化につながり、消防官の仕事にも活きると思うので、余暇を活かして続けていきたいです。時間が空いたときに行けるスポーツジムに通うことも考えています」など、仕事に支障をきたさない範囲で現実的に考えていることを示すとよい。

専門学科・ゼミナール欄の記入例

「選考とその選定理由」の記入項目の例

経済学専攻　大学受験当時は経済を学ぶことが就職に有利と考えていました。❶しかし、在学中に消防官に従事したい気持ちが強くなりました。

「卒論テーマまたは所属ゼミの研究テーマ」の記入項目の例

所属ゼミの研究テーマ：【環境保全】環境問題に強い関心があり、このゼミを志望しました。研究の中で❷火災が周辺環境に及ぼす影響について学んだ結果、消火活動に従事したい思いが強くなり、消防官のみを志望しています。

❶❷ 消防官志望につなげている

どちらの例も最終的に消防官志望につながっている。また、❷の例は火災の影響について学んだことを示しているが、たとえ学んだテーマが消防官の任務とは関係性の薄いものだったとしても、消防官を志望する理由を明記することによって、マイナスの印象を与える心配を払拭できる。何よりも大切なのは、現在は消防官の仕事に興味が強いということを伝えることだ。

その研究テーマを完成させるうえで、困難だったことは？

素直に「困難だったこと」を伝え、「工夫したこと」などは補足的に答えればいい。たとえば、「環境問題は理論を学ぶだけではなく、フィールドワークや行政の方、一般住民の方への聞き取りなどが必要になりますが、口の重い方もいて、話を聞き出すのが困難なときもありました。こちらの質問の仕方についても考えさせられ、知らない方との対話という点で社会勉強にもなりました」など。

「好きな学科とその理由」の記入項目の例

大学生の場合

好きな学科：社会学、文化人類学

その理由：グローバル化社会において ❶ 多文化共生について学ぶ必要を感じ、また興味深かったため。

高校生の場合

好きな学科：数学

その理由：難解に見える問題も、❷ 公式にあてはめると一つの答えがしっかりと導き出されるところが面白いです。

❶❷ 自分の興味のある学科を素直に記入している

興味や目的意識を持って学んだことが述べられていて、面接用につくられた理由でないことが伝わる。消防官の仕事に直結する学科は容易に見つかるものではなく、強引につなげるよりも、ここは力を入れて学んだ学科について素直に記せばよい。なお、社会人は直近の学生時代の学業について書くこと。

何を目標にしていましたか？

大学生の場合、たとえば「多文化共生社会の現実を理解するために、カナダの多文化主義について学ぶことを目標としていました。多文化共生を学ぶうえで、二言語二文化で構成されるカナダの歴史を理解することが重要と考えたからです」など、自分で決めた目標を伝えよう。

関心事・気になったニュース欄の記入例

自然災害を扱った例

A県B市で発生した大規模な土砂災害です。多くの方が犠牲になり、また家屋が倒壊するなど、惨状をニュース映像で見て胸が痛みました。それと同時に、消防官の使命の重大さを改めて認識しました。自然災害の発生を予測・防止するのは困難でしょうが、❶災害発生時に救助活動や二次災害の防止にあたり、被害の拡大を防ぐことは消防官の重要な任務の一つと考えます。災害時には強い責任感を持って任務に取り組んでいきたいです。

放火事件を扱った例

C県D市の雑居ビル放火事件です。たまたま居合わせた方たちを恐怖に陥れ、亡くなる方も出た、許し難い犯罪ですが、❷こうした事例による被害は、ある程度までは消防の取り組みで防げるものと考えます。避難経路の調査、従業員への誘導指導を強化することも、消防官の役割です。被害拡大の防止につながる地道な任務に真摯に取り組んでいきたいです。

❶❷ 消防の職務を真剣に考えていることが伝わる

災害や放火事件のニュースに触れ、痛みや憤りを覚えるだけでなく、事例に対する取り組みにつなげている。「消防官になることを真剣に考えているんだな」と、志望意欲の高さが伝わる。

こんな質問に備えよう!

具体的には、どのように職務に取り組んでいきたいですか？

どのような取り組みに力を入れたいかを伝える。たとえば、「市民の方たちの防災意識を高める活動にも積極的に取り組みたいです。消火器の常備や、集合住宅やビルの避難経路の確認で被害を減らせることを周知したいです」など。

少子高齢化の話題を扱った例

少子高齢化について関心があります。少子高齢化が進む中、さまざまな問題が今後懸念されます。災害が起きた際には高齢者は避難が遅れたり、消防官の人数が減少することも考えると、火災が発生しても、迅速な消火・救助活動などが難しくなります。❶ そうすると予防はさらに力を入れる必要がありますし、新しい消防の仕組みを構築していく必要があります。そういう新しい仕組みなども提案できるように、経験や知識を蓄えていきたいです。

最先端医療の話題を扱った例

最先端医療です。iPS細胞やロボ、IT技術などにより新しい治療方法が生まれてきています。消防でも、救急でそういった技術が取り入れられるようになると可能性は広がっていきます。たとえば、IT技術で遠方からの治療処置が可能になれば、人員不足を補うのと同時に、より迅速にけが人に対応していくことができます。❷ そのように新しい発想を取り入れる柔軟性を備え、さまざまな問題に対応し、解決していくよう努めていきたいです。

❶❷ 問題解決をしていこうとする意欲がうかがえる

自分の関心のあることを消防につなげて考えていることが伝わる。関心事がどう消防の現場で問題になりそうなのかを挙げ、どう改善していくべきかも伝えることで、消防に対する意欲が見えてくる。また、新しいことに挑戦していく積極性も感じられる。

こんな質問に備えよう!

具体的には、どのような対策が必要になると思いますか？

立派な回答でなくてもいいので、問題点とそれをどうすれば解決できるのか、ということをつじつまが合うように説明する。たとえば、「高齢者へ向けての避難方法指導の徹底など、もしもの際にどう行動するべきかを積極的に伝えていく」など。

趣味・特技欄の記入例

好きな音楽について書いた例

趣味 ギターを弾くことです。中学時代に兄から習いました。❶ 気分転換したいときなどに、部屋で弾いています。あくまで趣味のレベルですが、好きなアーティストの曲のほかに、自作の曲を弾くこともあります。

スポーツ観戦について書いた例

趣味 甲子園大会や、箱根駅伝の観戦です。❷ 両方毎年欠かさずに観ています。特に高校野球で ❸ ミスをした選手を周囲が励ましたり、試合後に敵味方関係なく健闘を讃え合うシーンには感動します。

ココがGOOD!

❶❷ どのように好きなのかが具体的になっている

「気分転換したいとき」「毎年欠かさず」など、その趣味にどのくらい親しんでいるかが明確にされている。記入欄にスペースがある場合は、もっと具体的に（「2年に1度は甲子園へ足を運ぶ」など）記してもよい。

❸ 前向きで健全な人柄が伝わる

さわやかなシーンを観て感動したいという思いが伝わり、前向きで健全な人柄が伝わる。たとえ本当に好きなことでも後ろ向きな印象を与えかねない意見や、プロレスやゲーム、アニメなど、偏見を持たれがちなジャンルに触れるのは避けること。

こんな質問に備えよう!

ギター以外のほかの趣味は何ですか？

ほかの趣味を問うのは、身体を動かすことに抵抗がないかを知りたいためなので、身体を動かす趣味についても伝えること。たとえば、「ほかの趣味としては読書とジョギングがあります。読書は人物評伝ものが中心です。ジョギングは、受験期間中の運動不足解消の目的もあって続けてきました」など。

芸術について書いた例

特技　油絵です。❶大学入学直後に入った絵画サークルで描き方を学びました。卒業記念にと友人たちから肖像画を頼まれて、すでに何枚か描き上げました。

スポーツについて書いた例（社会人の場合）

特技　長距離走です。❷一昨年、昨年と湘南国際マラソンに出場しました。昨年のタイムは3時間35分で、フルマラソン初挑戦だった一昨年よりはタイムを縮めることができました。

ココがGOOD!

❶ 始めた時期や期間から実力や経験値を推察できる

「大学入学直後」と始めた時期を示し、また卒業記念に肖像画を頼まれていることからも現在までの上達度がイメージしやすい。これを単に「特技は油絵を描くことです」とだけ記したのではもったいない。ただし、スペースがなければ、無理に細々と書く必要はない。

❷ 最近の体験を書くことで今の実力がわかる

最近の体験を書けば、どの程度の実力を持っているのかがわかる。この例では、2年連続でフルマラソンを完走したことを具体的に述べているので、体力があることも伝わりやすい。特に優れた記録を持っていなくてもOK。

絵を描いているということですが、入賞経験はありますか？

「近隣の大学が合同で開くコンクールで、1度だけ佳作に選ばれました」などと、飾らずに答えればよい。入賞経験がなかったとしても、取り繕う必要はない。さらに「いくつものコンクールに応募したのか？」「もっと上の賞を目指さなかったのか？」などと聞かれる場合もあるが、誠意を持って事実を伝える。

Column 9

面接カードチェックリスト

● 面接カードが読みやすくなっているかチェックしよう！

面接カードを仕上げるための15の項目

- □ 誤字・脱字がないか？
- □ 一文は長くても50文字以内になっているか？
- □ 長文の場合、一文一意になっているか？
- □ 字が汚くても、とにかく丁寧に書いているか？
- □ 字が小さすぎたり、大きすぎたりしていないか？
- □ 記入欄に適度な余白があるか？
- □ 記入欄の枠を越えていないか？
- □ 「です」「ます」調で統一しているか？
- □ 具体例をフル活用しているか？
- □ 結論部分にアンダーラインを引くなど、わかりやすくしているか？
- □ 「〜です」「〜しました」など、語尾が単調にならないようにしているか？
- □ 誰かに一度読んでもらって意見をもらったか？
- □ マイナス思考なことは書いていないか？
- □ ウソは書いていないか？
- □ コピー（複写）しているか？

※ すべての項目をチェックできるまできちんと整えましょう。

面接当日に記入する場合も、以上の15のチェック項目を思い出し、提出する前にチェック。面接官が読みやすい面接カードに整えることを念頭に置いて、焦らず丁寧に記入しましょう。

Chapter 9

自己分析質問集・よく出る過去質問集

過去に消防官採用試験の面接試験にて実際に出された質問をまとめた、面接練習などに役立つ質問集となっています。自己分析や志望動機がまとまったら、それぞれの質問に答えてみましょう。

自己分析質問集

ここでは自己分析に役立つ質問集を掲載しています。面接質問に対する回答づくりに困ったら、これらの質問に答えることで自分の意見やエピソードを掘り下げましょう。

性格・特技に関する質問

❶ あなたが今、夢中になっていることは何ですか？

❷ それに夢中になっている理由は何ですか？

❸ そこから得たものは何ですか？

❹ 具体的なエピソードを書き出してください

❺「それだけはやめてくれ」と言われても、やめられないことは何ですか？

❻ それをやめられない理由は何ですか？

❼ あなたが好きな座右の銘は何ですか？

❽ その座右の銘を聞くと、どんな気持ちになりますか？

❾ あなたが真似をしたい人は誰ですか？

❿ どうしてその人のことを真似したいのですか？

⓫ 何か資格を持っていますか？

⓬ なぜ、その資格を取ろうと思ったのですか？

⓭ その資格からアピールできることは何ですか？

⓮ これだけはほかの人に負けない、ということは何ですか？

⓯ 具体的なエピソードは何かありますか？

⓰ コンプレックスはありますか？

⓱ それを克服するためにどんな努力をしていますか？

⓲ これをやらなければ死ねない、ということはありますか？

⓳ それは、なぜですか？

⓴ 何をすれば、それが実現できると思いますか？

自分史に関する質問

㉑ 人生で一番大きな失敗をしたことは何ですか？

㉒ なぜ失敗したのか、理由を書き出してください
㉓ あなたはどのようにその失敗を乗り越えましたか？
㉔ あなたは何をその失敗から学びましたか？
㉕ あなたが通う学校は、どんな学校ですか？
㉖ なぜその学校に入学しようと思ったのですか？
㉗ 学校生活で一番つらかったことは何ですか？
㉘ それに対してどのように対処しましたか？
㉙ 何をそこから学びましたか？
㉚ 何のサークルや部活動に所属していますか？
㉛ なぜ所属しようと思ったのですか？
㉜ サークルや部活動で一番大変だった経験は何ですか？
㉝ それを乗り越えるためにどんな取り組みをしましたか？
㉞ そこから学んだことは何ですか？
㉟ アルバイトの経験はありますか？
㊱ どんなアルバイトですか？
㊲ なぜそのアルバイトをしようと思ったのですか？
㊳ アルバイトで一番苦労したことは何ですか？
㊴ それを乗り越えるために何をしましたか？
㊵ その経験から何を学びましたか？
㊶ あなたはボランティア経験がありますか？
㊷ どんなボランティアですか？
㊸ そこで一番大変だったことは何ですか？
㊹ それを乗り越えるために工夫したことは何ですか？
㊺ その経験から学んだことは何ですか？

志望先に関する質問

㊻ 民間企業ではなく、公務員を選ぶ理由は？
㊼ 自分のどこが公務員に向いていると思いますか？
㊽ なぜ消防官を選ぶのですか？

㊾ あなたの性格のどこが消防官に向いていますか？

㊿ なぜ消防のその職種を志望するのですか？

51 あなたの性格のどこがその職種に向いていますか？

52 その職種を志望するようになったきっかけは何ですか？

53 消防官になってやりたいことは何ですか？

54 消防官のどのようなところがかっこよく見えましたか？

55「自分もこうなりたい」と思えるような消防官はいますか？

56 仕事をするうえでのあなたの夢は何ですか？

57 あなたのやりたいことを一言で表すと何ですか？

58 あなたを採用することで得られるメリットは何ですか？

59 希望先の署長のインタビューなどは読みましたか？

60 そこからどんなビジョンが読み取れますか？

よく出る過去質問集

過去に質問されることの多かった面接質問をまとめています。これらの面接質問に答える練習を重ね、本番に備えましょう。回答づくりに困ったら、本書Chapter3を参考にするか、P.186の自己分析質問集を活用しましょう。

❶ 1分間で自己PRをしてください

❷ あなたの長所を教えてください

❸ あなたの短所を教えてください

❹ 自分にキャッチコピーをつけてみてください

❺ 友達からはどんな人と言われますか？

❻ 得意教科と苦手教科を教えてください

❼ あなたの趣味を教えてください

❽ あなたの特技を教えてください

❾ どんな部活動（サークル）に所属していますか？

❿ 休日は何をして過ごしていますか？

⓫ あなたの志望動機を教えてください

⓬ なぜ当市を受けたのですか？

⑬ 当市の自慢できるところは何だと思いますか？

⑭ 当市をPRしてください

⑮ 併願状況を教えてください

⑯ 全部合格した場合、どこに行きたいですか？

⑰ 消防官になることを両親に相談しましたか？

⑱ 入ってからどんな仕事がしたいですか？

⑲ もし希望の仕事に就けなかった場合どうしますか？

⑳ 今朝の起床時間は？

㉑ いつもは何時に起きますか？

㉒ 今日は目覚めがよかったですか？

㉓ どのようにここまで来ましたか？

㉔ 控室ではどのようなことを考えていましたか？

㉕ 体力試験は実力を発揮できましたか？

㉖ 集団討論をやってみて、自信がありますか？

㉗ 今までで一番困難だったことは何ですか？

㉘ 今までで一番がんばったことは何ですか？

㉙ ボランティア活動の経験はありますか？

㉚ 最近で特に印象に残っていることは何ですか？

㉛ 消防官の魅力は何ですか？

㉜ 消防官に対するイメージは何ですか？

㉝ いつから消防の仕事に就きたいと思うようになりましたか？

㉞ 消防官に必要なものを3つ挙げてください

㉟ あなたにとって理想の消防官像はどんなものですか？

㊱ 10年後のあなたはどうなっていると思いますか？

㊲ 学校生活で得たことで、消防官になって活かせることはありますか？

㊳ 消防官を目指していることを両親はどう言っていますか？

㊴ 普段両親とどのような話をしますか？

㊵ 両親と意見が合わないときはどうしていますか？

㊶ 親友の人数を教えてください

㊷ 親友はどんな人たちですか？
㊸ あなたは友達の間ではどんな立場ですか？
㊹ あなたが考えるチームワークとは何ですか？
㊺ 仕事をしていくうえで同僚と意見が合わないときはどうしますか？
㊻ 協調性についての考えを話してください
㊼ 話をするのは好きですか？
㊽ ケンカをしたことはありますか？
㊾ チームワークを感じた経験を教えてください
㊿ チームワークを発揮するために必要なことは何だと思いますか？
51 今朝の朝刊で気になった記事は何ですか？
52 最近のニュースで興味のあるものを3つ挙げてください
53 昨年の消防の出動件数と火災発生件数を知っていますか？
54 当市の火災発生件数は1日何件ですか？
55 当市消防の本署がどこにあるか知っていますか？
56 当市の消防署の数を知っていますか？
57 当市の消防官の人数を知っていますか？
58 消防官の仕事内容を言ってみてください
59 どんな課があるか言ってみてください
60 公務員の不祥事についてあなたの考えを教えてください
61 公務員と民間の違いは何ですか？
62 年齢の離れた先輩とうまくやっていく自信がありますか？
63 自分より階級が上の年下がいても大丈夫ですか？
64 リーダーシップに関してあなたの意見を教えてください
65 あなたはリーダータイプですか？
66 あなたはリーダーを支えるタイプですか？
67 消防は過酷な仕事ですが大丈夫ですか？
68 不規則な勤務でも大丈夫ですか？
69 消防の24時間体制で一番大切なことは何だと思いますか？
70 消防学校は全寮制ですが、大丈夫ですか？

早いもので、私が地元浜松市に公務員予備校を開講して25年が経ちました。のべ合格者数は2200名を超え、その中には消防士となって日夜市民の安全を守っている卒業生も数多くいます。その中で最も印象に残っているのは、ウルフマンと呼ばれていた男です。

私のところにやってきた時のウルフマンはフリーターでした。大学は中退、せっかく就職してもすぐ辞めてしまいました。生活のためにアルバイトをしていた彼を動かしたのは、偶然観た東京消防庁の伝説の消防士のドキュメンタリーでした。その番組を観たウルフマンは「俺もあんなふうになる」と思ったそうです。彼の偉いところは、思っただけではなく実際に受験勉強をするためにシグマにやって来るという行動をとったことだと思います。

自分には才能がないからと何も行動を起こさないで、いたずらに歳月が過ぎていく人にはウルフマンの話をします。できるかできないかは置いといて、何かをはじめようと思うだけですごいことじゃないですか？　何かをやってみようと思う、そのこと自体が才能だと思うんです。忙しい毎日に追われて、何かをやってみたいなという思いになかなかなれないのが実情ではないのかな。何かをやってみよう、そう思えた自分を信頼して欲しいなと思います。

まずやってみようと思う→根拠のない自信を持つ→自信を裏付けるために努力し続ける

そしていい結果が生まれたならば、また何か別のことに挑戦してみる。このサイクルをグルグル回すことができたなら、仕事に就いた後も向かうところ敵なしだと思います。こんな人生を送ることができたら最強じゃないかな。

もし誰かに「そんなこと無理だよ」「できっこないよ」と言われたとしても気にしないことです。根拠のない自信を持って、夢の実現に向けて努力し続けてください。大切なのは自分を信じることです。自分を信頼することができて、初めて他人を信頼することができます。

コロナ以後の世界は、リスク管理能力をはじめ社会共通資本としての公務員の能力が大きく求められる社会になると思います。この本を最大限活用して、あなたが全体の奉仕者として社会全体を支えていく日がくることを心より祈っています。この本を編むにあたって、つちや書店の佐藤さんには大変お世話になりました。ありがとうございます。

静岡県浜松市中区旭町、JR浜松駅前にある
小さな公務員予備校シグマ・ライセンス・スクール浜松にて。

鈴木　俊士

■ 監修

鈴木 俊士（スズキ シュンジ）

シグマ・ライセンス・スクール浜松校長

大学を卒業後、西武百貨店に就職。その後は地元浜松にて公務員受験専門の予備校「シグマ・ライセンス・スクール浜松」を開校。定員20名の少人数制予備校であるにもかかわらず、25年間でのべ2200人以上を合格に導く。築き上げたノウハウと実績を基にオーディオブックなどの教材も手掛けており、日本全国の公務員を目指す受験生のために精力的な活動を続けている。主な著書に『公務員採用試験 面接試験攻略法』『マンガでわかる警察官になるための専門常識』『自衛官採用試験 面接試験攻略法』（いずれも監修 つちや書店）、『9割受かる! 公務員試験「作文・小論文」の勉強法』『9割受かる鈴木俊士の公務員試験面接の完全攻略法』（いずれもKADOKAWA）など多数。

<シグマ・ライセンス・スクール浜松HP>
http://www.sigma-hamamatsu.com/

■ STAFF

本文デザイン	下里竜司
	長野大蔵（フォルマージュ・デザインスタジオ）
イラスト	小谷千夏
編集協力	スタジオポルト
	編集室アルパカ

面接指導のカリスマが教える!

消防官採用試験 面接試験攻略法

監修	鈴木　俊士
発行者	佐藤　秀
発行所	株式会社つちや書店
	〒113-0023
	東京都文京区向丘1-8-13
	TEL 03-3816-2071
	FAX 03-3816-2072
	E-mail　info@tsuchiyashoten.co.jp
印刷・製本	日経印刷株式会社

2006-1-1